MEMOIRES

DE

GAUDENCE

DE LUQUES.

3e Partie.

L. Lorrain inv. del. — St. Fessard Sculp. 1752.

MEMOIRES
DE
GAUDENCE
DE LUQUES,

PRISONNIER DE L'INQUISITION;

Augmentés de plusieurs Cahiers qui avoient été perdus à la Douanne de Marseille, enrichis des sçavantes Remarques de M. RHEDI, & de Figures en Taille douce.

TROISIE'ME PARTIE.

A AMSTERDAM.

M. DCC. LIII.

MÉMOIRES DE *GAUDENCE* DE LUQUES.

TROISIÉME PARTIE.

L*E Secrétaire.* Notre Prisonnier ne jouit pas long-tems de la douceur que les Inquisiteurs lui avoient accordée. Il nous arriva un avis qui nous parut important, quoiqu'il ne nous fût donné que ſous le voile de l'anonimité. Cette Lettre portoit en ſubſtance que l'Etranger dont la Sainte Inquiſition s'étoit ſaiſi, étoit un homme extrêmement dangéreux, & qu'il étoit d'autant plus à craindre, qu'il étoit de tous les hommes le plus aimable; que l'on ne connoiſſoit point de mortel qui fût plus inſinuant, & dont les talens multipliés à l'infini & réunis, fuſſent plus ornés de ces airs & de ces manieres engageantes qui attirent les cœurs; qu'il étoit bien fâcheux qu'un homme auſſi inſtruit fût ennemi de la Religion; que la Sainte Inquiſition devoit ſe tenir en garde contre les réponſes d'un tel criminel; que le menſonge prenoit dans cette bouche d'or le caractère de la vérité même ; qu'il n'étoit point de Tribunal qu'il ne fût en état de rendre la dupe de l'ingénuité dont il voiloit son imposture ; qu'enfin on l'avoit surpris faisant l'éloge d'une Nation dont il faisoit consister le bonheur dans une indépendance universelle ; que pour jouer son rôle avec plus d'adresse & plus efficacement, il affectoit beaucoup d'attachement pour la Religion Catholique ; mais que l'attaquant dans la suite par degré, il en minoit sourdement les principes fondamentaux ; que s'appercevant de l'effet de ses entretiens, il les terminoit toujours par un trait d'autant plus funeste à notre croyance, qu'il étoit enveloppé d'une douceur séduisante. Si le Ciel, dit-il, ne m'avoit point accordé la grace de naître dans la Religion Catholique, j'aurois cru trouver la tranquillité de ma conscience dans les sages erreurs de cette Nation fortunée ; l'anonime ajoutoit que cet homme étoit à craindre parce qu'il étoit fait à tous égards pour plaire, qu'il s'emparoit insensiblement de l'esprit des femmes, idolâtres de la nouveauté ; que cette partie du Gouvernement, quoique la plus foible, devenoit ordinairement la plus forte sur l'article de l'innovation ; que les jeunes gens se faisoient un plaisir de l'entendre, & regardoient comme l'organe de la vérité ce ministre du mensonge ; que l'ascendant du sexe sur les hommes influoit considérablement sur le sort d'un Etat ; que les femmes, une fois séduites, entraîneroient bientôt les jeunes gens, & que d'une petite éteincelle naîtroit immanquablement un incendie universel; qu'au surplus l'Inquisition ne seroit point qualifiée de *Sainte*, si elle n'étoit sage, qu'ainsi lui Anonime ne donnoit ses avis que pour répondre au zele qui l'animoit pour la gloire de la Religion, pour la sûreté de l'État & de sa propre conscience.

On le resserra dès qu'on eut fait la lecture de cette Lettre. Il voulut sçavoir d'où venoit un changement si inattendu : il n'eut pour réponse qu'un sevére silence, plus expressif dans ces occasions que toutes les paroles du monde.

Nous jugeâmes à propos de retarder son interrogatoire pour prendre les informations les plus convenables, nous craignions de nous être laissé éblouir par cette simplicité qui paroissoit lui être si naturelle, & qui est le vrai langage de la vérité. Nous interrogeâmes tous ceux de la Maison avec qui il avoit déja fait connoissance, (il faut l'avouer, tout le monde recherchoit sa conversation) ; les éclaircissemens que nous en retirâmes étoient en sa faveur.

Cependant les avis que nous avions reçus rouloient sur une matiere trop intéressante pour la négliger : on fit subir encore quelques interrogatoires à la Dame que nous avions arrêtée, elle persista dans ses réponses ; nous cherchâmes à découvrir l'auteur de la Lettre, il ne fut pas possible de le trouver, pas même de le soupçonner. Ce délateur pouvoit être quelqu'ennemi secret de *Gaudence* ; & il auroit été injuste de faire languir dans les fers un innocent, à qui on n'avoit peut-être d'autre crime à reprocher que d'avoir excité par un mérite réel la jalousie de quelque personne d'un mérite superficiel. On ne voit que trop de gens dont la bille s'échauffe de la tranquillité des autres. Cette réflexion appaisa un peu la pieuse colere de l'Inquisition : on avoit arrêté qu'on ne l'interrogeroit que dans deux mois ; ce cruel retardement fut abrégé de quelques jours ; toutes les informations que nous avions prises soit à *Venise*, soit à *Bologne*, le rendoient digne de ce tempérament. Il fut donc appellé à l'Audience.

Cette derniere épreuve avoit pris si violemment sur sa santé, que nous avions de la peine à le reconnoître ; la pâleur répandue sur son visage ne fervoit cependant qu'à le rendre plus intéreffant. Il n'avoit point perdu cet air de tranquillité qui ne fe fépare jamais de l'innocence, il approcha du Tribunal avec une confiance qui prévient toujours lorfqu'elle eft châtiée d'une noble modeftie.

Premier Inquifiteur. Approchez, Gaudence. Tremblez. Nous ne fommes point les dupes de votre impofture; vous apprendrez inceffamment qu'on ne trompe point un Tribunal auffi faint & auffi augufte que l'Inquifition, fans être puni d'une telle audace. Quoi, lors même que nous violons les facrés Statuts de notre Tribunal, pour rendre votre prifon plus douce, vous vous jouez de vos Juges? & vous ofez abufer du penchant que nous avions à vous croire innocent. Eh bien ! le feu ſera la récompenſe d'une ſemblable témérité, nous avons des preuves plus que ſuffiſantes pour vous faire ſentir toute la rigueur de notre juſtice.

Gaudence. Mes Révérends Peres, la mort ne m'épouvante point, je la regarde comme le terme heureux de mes malheurs ; la providence m'a fait naître, la providence m'a conſervé, elle peut me rappeller quand elle voudra, je ſuis réſigné à ſes décrets, je ne demande à Dieu que de mourir comme je ſuis né, dans le ſein de ſon Egliſe. Je lui demande encore, mes Révérends Peres, de m'éclairer ſur le motif qui peut avoir irrité contre moi un Tribunal que je reſpecte autant, & qui mérite autant de l'être, pour avoir la conſolation de lui demander pardon d'un crime dont je puis être innocemment coupable. Ne pensez pas, mes Révérends Peres, que la crainte du supplice dont vous me menacez, m'inspire de tels sentimens; mon cœur formé à la candeur, nourri dans les solides principes de la Religion Chrétienne, & fortifié par les revers que la divine providence lui a fait éprouver, déteste cette bassesse qui est la ressource des lâches & des méchans.

Le Secrétaire. En effet aussi tranquille après cette menace que lorsqu'il se présenta pour la premiere fois, il fit cette réponse avec un air de vérité qui toucha les Inquisiteurs.

Premier Inquisiteur. C'est le propre des gens sans Religion de sçavoir adroitement adopter celle qui leur convient, suivant les circonstances fâcheuses où la corruption de leur cœur les précipite, & de ceux qui faisant un mauvais usage des connoissances qu'ils ont acquises ne défendent souvent la vraie, puisqu'elle est l'unique, que pour mieux la combattre. On dit que vous êtes de ce nombre. Gaudence, prenez garde à votre réponse, nous avons des preuves ; soyez véridique, voilà la seule ressource qui vous reste, ou dans un moment sur l'échaffaut. Etes-vous Chrétien ?

Gaudence. Si je le suis, mon Dieu, mon Sauveur ! S'il est vrai qu'il suffit de desirer sincérement d'être Chrétien pour l'être, ô mon divin Rédempteur, pourquoi ne m'avouez vous pas pour votre fils, moi qui ne reconnois d'autre pere que vous, qui m'avez racheté de votre sang ; mais hélas ! je me suis égaré dans la voye du monde, je mérite bien, Seigneur, que vous fermiez les oreilles à mes cris. Oui, mon Dieu, mon ame altérée de vous, expirera dans les tourmens, auxquels mon corps va être exposé, toutes les infidélités qu'elle vous a faites. O mon divin Sauveur, ma mort, j'ose l'espérer, sera précieuse à vos yeux, vous ouvrirez les trésors inépuisables de votre miséricorde, j'y trouverai la récompense d'une mort que je n'ai point méritée, & que la calomnie me fait subir; daignez la recevoir, Seigneur, en expiation des crimes, dont vous êtes le seul Juge, faites que ce saint Tribunal aprene au moins après ma mort mon innocence, s'il est important pour votre gloire & pour mon salut qu'il l'ignore pendant ma vie.

Oui, mes Révérends Peres, je ſuis Chrétien : périſſent mille fois les ennemis de mon Dieu , qui eſt le Dieu d'Iſrael , le Dieu fort, le Dieu tout-Puiſſant , ſeul Créateur de toutes choſes , le ſeul qui en eſt le Conſervateur, le Dieu qui a parlé à Moyſe , ce Dieu bon & miſéricordieux , le Dieu qui a bien voulu m'arracher des horreurs du péché , en me lavant de mes ſouilleures dans le propre ſang de ſon Fils ; de ce Fils , qui par amour pour moi & pour tous les hommes , a voulu ſe ſoumettre à l'humiliante néceſſité de naître , de vivre en proie aux infirmités de l'humanité , & de mourir dans les tourmens deſtinés aux hommes les plus méchans ; de ce Fils enfin, qui, triomphant par ſa mort de la colere de ſon Pere , nous a laiſſé par amour ſon ſaint Eſprit, qui eſt l'ame de cette auguſte Egliſe, dont les tendres conſeils nous guident dans la voye du vrai bonheur.

Le Secrétaire. Il s'exprima avec tant de ſentiment, qu'il tomba après dans une eſpéce de foibleſſe : nous en fûmes émûs ; le premier Inquiſiteur lui-même y parut extrêmement ſenſible. Nous profitâmes de ce moment pour voir entre nous quel parti nous devions prendre ; il fut arrêté, que le priſonnier pouvoit être innocent, qu'il falloit reprendre la voye de la douceur ; parce que ſi l'hiſtoire qu'il avoit commencée de ce pays inconnu étoit vraie, les éclairciſſemens qu'il nous donneroit pourroient être un jour utiles à la Religion.

Premier Inquiſiteur. Remettez-vous,

Gaudence , ſoyez perſuadé , que plus on cherche à vous noircir , plus nous ſerons ardens à vous protéger , ſi en effet vous êtes auſſi innocent que vous paroiſſez l'être : tenez , voyez cette lettre : regardez la communication que nous vous en donnons comme une faveur ſinguliere , & comme un gage aſſuré de notre bienveillance ; mais ſurtout ſoyez ſincere. Connoiſſez-vous cette écriture ? Croyez-vous qu'on vous ait traité trop durement, après l'énormité des faits dont on vous y accuſe ? Répondez.

Gaudence. Il vous eſt facile , mes Révérends Peres , de prouver vous-mêmes ma juſtification. On m'accuſe d'avoir abuſé d'un prétendu aſcendant que l'on me donne ſur le ſexe , d'avoir fait un uſage criminel de la crédulité de la jeuneſſe : rien ne peut échapper à vos perquiſitions ; je vais moi-même vous en faciliter le ſuccès en deux mots : Si je vous dis le nom des jeunes gens qui ont trouvé quelque agrément dans mon commerce, & ſi je ne vous tais point celui des femmes que ma qualité d'étranger & mes remédes ont ſans doute plus attirées chez moi, que mon mérite perſonnel, je crois avoir plus que ſuffiſamment répondu aux accuſations injuſtes dont on me charge, ſous une anonimité d'autant plus odieuſe, que je ne me le ſuis point attiré par quelque tort que j'aye fait à quelqu'un ; je deteſte les hommes, cependant je vis avec eux en ami. Je ſçais quelle eſt la corruption de leur cœur ; mais je ne m'éloigne point d'eux : je ne me ſuis

ſuis jamais prêté à une philoſophie ſi mal entendue. Ils me ſont néceſſaires, puiſque leur perfidie eſt utile à mon ſalut. Je ne connois point cette écriture, ni ne veux la connoître; homme autant & peut-être plus qu'un autre, mon cœur qui ne ſe plaît qu'à aimer, ſeroit déchiré d'un ſentiment contraire. Vous pouvez, mes Révérends Peres, interroger toutes les perſonnes qui m'ont honoré de leur eſtime & de leur confiance; & s'il en eſt quelqu'une qui me charge des faits que l'on m'impute, je me déclare d'avance digne des terribles effets de votre ſainte colere.

Premier Inquiſiteur. En attendant que nous ayons connu la vérité de vos réponſes, continuez votre Hiſtoire. Vous en êtes reſté à la Religion des Mezzoraniens. Faites en ſorte ſurtout de ne point oublier la plus petite circonſtance ; c'eſt le point le plus intéreſſant pour nous ; il ne l'eſt pas moins pour votre tranquillité.

On ne ſoupçonne point le motif qui peut avoir déterminé le premier Editeur à ſupprimer la Lettre & les trois Interrogations précédentes ; il eſt certain cependant qu'il en étoit poſſeſſeur, & que le cahier n'avoit point eté égaré. Le ſilence même qu'il garde ſur cet article dans la Lettre que l'on a trouvé dans l'Avertiſſement, permet de croire qu'il n'avoit point pû traduire ce paſſage en François. Nous avouons que nous ne reconnoiſſons point à ce trait cette modeſtie qui lui étoit ſi naturelle, & dont nous avons pris plaiſir à faire l'éloge ; ce qui prouve que les hommes même les plus vertueux tombent fréquemment dans la contradiction d'esprit ou de cœur.

Les Mezzoraniens sont réellement Idolâtres, mais avec autant de simplicité que des Payens puissent l'être. Il est vrai qu'ils ne veulent pas l'avouer dans le sens que nous entendons ce mot, c'est-à-dire, adorateurs de faux Dieux; ils détestent, comme les Chinois, le nom d'Idolâtres, quoiqu'ils le soient de fait, puisqu'ils adorent le Soleil matériel, & qu'ils rendent à leurs Ancêtres décédés un culte extrêmement superstitieux, dont je vous ai déja parlé. Ils reconnoissent cependant un seul Dieu suprême, Créateur de toutes choses, qu'ils nomment *El* (*a*), ou

(*a*) Les anciens Arabes entendoient par *Al*, ou peut-être *El*, quelque chose de très-haut, ou de de très-grand, comme *Alcaire*, le Très-haut. La raiſon naturelle, diſent-ils, leur apprend l'exiſtence de cet Etre, & leur raiſonnement à cet égard, quoique juſte, eſt bien différent de celui des autres hommes. Ils diſent que toute leur ſcience, & même celle de tous les hommes les plus ſçavans du monde miſe enſemble, n'auroit jamais pû former ce monde tel qu'il eſt, ni ajuſter toutes ſes cauſes & tous ſes effets avec tant d'ordre & d'harmonie, pour le bien de chaque eſpéce qui l'habite ; & qu'ainſi il faut que celui qui l'a créé, ſoit un Etre infiniment plus ſçavant que tous les êtres intellectuels. Ils tournent en ridicule ceux qui penſent qu'une choſe peut le produire ſans une cauſe

pour le grand Caire, *Alchymie*, pour la Chimie la plus parfaite, &c.

premiere, & demandent, pourquoi, ſi cela étoit, on ne verroit pas arriver tous les jours des effets ſans cauſes. De-là ils concluent qu'il faut qu'il y ait une cauſe premiere & indépendante, ſans laquelle rien n'auroit pû être produit. Quoiqu'ils faſſent un Dieu du Soleil, ils ne prétendent pas qu'il ſoit indépendant à l'égard de ſon propre être, mais qu'il l'a reçu de cet *El*. Quelques-uns des plus ſenſés convenoient même, quand je leur parlois, que le Soleil eſt un être matériel, créé par Dieu; mais d'autres le croyent une eſpéce de Vicegérent dont l'*El* ſe ſert, comme de la premiere cauſe inſtrumentale de toutes les productions. C'eſt par cette raiſon qu'ils adreſſent toutes leurs prieres au Soleil, quoiqu'ils conviennent que c'eſt à l'*El* qu'il faille attribuer originairement toute puiſſance. Les hommes regardent la Lune comme un être purement matériel, & dépendant du Soleil ; mais les femmes ſemblent vouloir en faire une Déeſſe ; elles ont la foibleſſe de croire qu'elle eſt mariée avec le Soleil, qu'elle accouche tous les mois, lorſqu'elle eſt en ſon plein ; & que les étoiles ſont les fruits de leur mutuel amour : l'un & l'autre ſexe également ſatisfaits de leur croyance ſe fixent à ces idées ſuperficielles, & n'étendent pas plus loin leurs recherches par le reſpect qu'ils diſent être dû à un Etre ſi infiniment ſupérieur aux mortels. Ils penſent qu'il vaut mieux l'adorer dans la profondeur impénétrable de ſon eſſence, & dans un ſilence reſpectueux, que de diſputer d'une choſe que l'homme ne ſçauroit concevoir : toutes leurs recherches ont pour objet les cauſes ſecondes, & la connoiſſance de la nature, autant qu'elle peut être utile au genre humain.

Je cherchai l'occaſion de mettre le Pophar ſur ce ſujet. Elle ſe préſenta bientôt. Je lui repréſentai le ridicule inſéparable d'une idée auſſi biſarre. Pas ſi ridicule, me dit-il, elle eſt au contraire extrêmement ſage, puiſqu'elle ſe marie parfaitement avec la politique de notre gouvernement ; en rendant un culte au Soleil, & en laiſſant croire aux femmes que cet Etre bienfaiſant eſt marié avec la Lune, nous leur faiſons contracter l'habitude de ſe regarder comme inférieures aux hommes, puiſqu'elles voyent que nous ne partageons point l'hommage que nous rendons au Soleil ; qu'il eſt entierement pour lui, & que nous ne le rendons point à la Lune , dont la grande fécondité prouvée par le nombre infini des étoiles leur donne cet amour pour la propagation, que les femmes des autres pays ſacrifient à la conſervation de leurs appas ; appas que la nature ne leur a cependant donnés que pour animer dans l'un & l'autre ſexe le deſir de ſe perpétuer : quoique la Politique paroiſſe d'abord ne pas concourir avec la Religion, il eſt cependant certain qu'elle contribue beaucoup à la ſolidité & à la gloire d'un gouvernemeut. De la pureté de la Religion dépendent les mœurs des peuples, & de la ſageſſe de la politique naiſſent les uſages avantageux au gouvernement. Elles ſe prêtent donc mutuellement la main, & s'entre-aident pour aſſurer le bonheur des États. D'ailleurs ce n'eſt qu'en ſe pliant inſenſiblement à la biſarrerie de ce ſexe qu'on parvient à le familiariſer avec des uſages utiles.

Inquiſiteur. Je ſuis perſuadé que vous conviendrez qu'on peut avoir des idées fauſſes de la Divinité, dont il eſt à propos d'être éclairci, & que par conſéquent vous ne condamnez pas toutes les diſputes dans leſquelles on entre ſur l'exiſtence & la nature de Dieu.

Gaudence. Non, mes Révérends, Peres, je me flatte que vous regardez ce que vous venez d'entendre, comme l'opinion de ce peuple, & non comme la mienne, qui eſt parfaitement conforme aux ſaints principes dont j'ai été alaité pendant ma jeuneſſe, & dont je me ſuis nourri dans quelque état que la Providence m'ait placé.

J'ai ſouvent dit au Pophar, à qui je parlois avec confiance, que comme l'homme ne peut pas expliquer l'eſſence incompréhenſible de Dieu, la raiſon veut cependant que nous croyions ſon exiſtence, que cette même raiſon demande que nous ſoyons inſtruits ou par lui-même, ou par quelque Légiſlateur envoyé de ſa part, pour nous empêcher de nous égarer dans un point auſſi eſſentiel; que nous autres Chrétiens croyons qu'il nous a donné ce Légiſlateur, en la perſonne de ſon Fils unique qu'il nous a envoyé, pour nous inſtruire ſur ce qui regarde la Divinité éternelle; que non-ſeulement il nous a donné les idées les plus justes, mais qu'il a confirmé la vérité de sa doctrine par des signes & des miracles qu'une personne envoyée de Dieu pouvoit seule opérer.

Inquisiteur. Continuez.

Gaudence. Quand j'ai dit que leurs prieres & leur culte s'adressent au Soleil j'avoue cependant que ce n'est en quelque façon qu'un acte de reconnoissance, qu'il seroit facile de rectifier. Ils regardent cette planete comme la cause physique de la production de toutes choses par son influence naturelle. Les plus sensés, quand on raisonne à fond avec eux, conviennent que tout est émané de l'*El*; il y en a même qui avouent que le Soleil est un Etre purement matériel, mû par une cauſe ſupérieure ; cependant la plûpart n'y font pas d'attention, & ils ſont réellement coupables d'idolâtrie, en ce qu'ils adorent une créature. Mais quant aux effets moraux de l'Univers, ou aux actions libres des hommes à l'égard de l'équité, la juſtice, la bonté, la droiture, &c. qu'ils reconnoiſſent être proprement le devoir de toute créature raiſonnable & d'une conſéquence infiniment plus grande que ne l'eſt la partie phyſique du monde, ils rapportent tout à l'Etre ſuprême, dont l'intention eſt, que nous ſoyons doux, miſéricordieux, bons & équitables envers tous conformément aux juſtes idées du ſage Auteur de notre exiſtence, dont la raiſon ſuprême, incapable de la moindre imperfection, doit ſervir de regle à des créatures qui dépendent de lui, & qui participent en quelque façon à ses perfections. Ils appuyent cette idée d'une comparaison très-juste : agir contre les Loix de la nature dans des productions physiques, c'est, disent-ils, causer des productions monstrueuses; à plus forte raison dans la morale combien n'est-on pas condamnable aux yeux du grand Etre, d'agir contre les idées de sa suprême raison. J'avoue que je fus charmé de ce raisonnement simple & naturel.

Je leur demandai ensuite s'ils pensoient que l'Etre suprême se mêlât de la partie morale du monde, ou des actions libres des hommes ? Ils parurent surpris de cette question, & me demanderent si je croyois qu'il fût possible qu'il ne s'intéressât pas à la plus belle partie de sa création, lorſqu'il ſe donnoit la peine, (car c'eſt l'expreſſion dont ils ſe ſervent) de créer le moindre inſecte, ſelon les regles d'une ſageſſe profonde, dont les effets admirables ſont infiniment au-deſſus de tout ce que l'art peut faire ou imiter ? Je leur demandai encore quelles étoient les régles que cet Etre vouloit que des agens libres, tels par exemple que l'homme, ſuiviſſent dans leur conduite? La raiſon, me répondirent-ils, & la juſtice, à l'imitation de la ſuprême raiſon qui l'éclaire ; car, ajouterent-ils, pouvez-vous croire que l'Etre ſuprême puiſſe approuver les crimes que les hommes commettent, ou que leurs baſſeſſes puiſſent s'unir avec les ſublimes idées de ſa ſageſſe éternelle ? Il faut donc qu'elles ſoient oppoſées à la raiſon qui eſt non-ſeulement en Dieu, mais auſſi dans les hommes, & par conſéquent elles méritent d'être punies par cet Etre équitable, qui régit tout & qui ne peu rien ſouffrir, qui ne ſoit dans l'ordre.

C'eſt à vous, mes Révérends Peres, à prononcer ſur ce raiſonnement : pour moi j'avoue qu'il m'a étonné dans un Peuple, qui n'a pour regle de ſa conduite qu'une lumiere naturelle. Se peut-il que les conſéquences qu'il tire de ces principes, ne ſoient pas auſſi juſtes que les principes même ? déplorable effet de l'aveuglement des hommes : ils ſont inconſéquens, lorſque les principes ne ſont point étayés de la foi. Voici, mes Révérends Peres, en quoi conſiſte principalement la théorie de leur Religion.

Ils diſent, 1°. Que l'*El* l'Etre

le plus intelligent, le plus raisonnable, & le plus noble de tous; qu'il est du devoir de tous les Etres intellectuels d'imiter & de suivre les justes loix de sa raison suprême; sans quoi ils s'éloignent de la vraie regle, sur laquelle ils doivent diriger toutes leurs actions; puisque tout ce qui est contraire à la raison parfaite de Dieu, doit nécessairement être contraire à la nôtre, & par conséquent extrêmement vicieux & blamable. L'objet de toutes les prières qu'ils adressent à cet Etre suprême, & de toutes les graces qu'ils lui demandent, c'est de les rendre bons & justes comme il l'est lui-même.

2°. Que le Soleil est la grande cause, ou du moins la cause instrumentale de l'existence de leurs corps, & de tous les autres effets physiques.

Vous

Vous ſçavez, mes Révérends Peres, mieux que je ne puis vous le dire, combien ils ſe trompent en cela. C'eſt à lui qu'ils adreſſent leurs priéres pour la conſervation de leurs vies, des fruits de la terre, &c.

3°. Que leurs parens ſont la cauſe immédiate & inſtrumentale de leur exiſtence naturelle, qu'ils dérivent en partie d'*El*, & en partie du Soleil; & par cette raiſon ils reſpectent d'autant plus leurs parens, qu'ils les regardent comme les vicegérens d'*El* & du Soleil; ils croyent que leur partie ſpirituelle ou intellectuelle eſt immortelle, & par conſéquent qu'ils ſont en état de les aider, & qu'ils ſont diſpoſés à le faire, à proportion du reſpect qu'ils leur témoignent, en viſitant leurs tombeaux, & en honorant leurs mémoires. Il eſt cependant vrai, qu'en examinant la choſe de plus près, j'ai trouvé qu'il y avoit autant de politique que de Religion dans l'inſtitution du culte ſuperſtitieux qu'ils rendent à leurs Ancêtres décédés. Comme leur gouvernement eſt patriarchal, le reſpect inviolable qu'on leur apprend, dès la plus tendre jeuneſſe, à porter à leurs parens, fait qu'ils obéiſſent à leurs AnciensGouverneurs, non-ſeulement avec la plus grande ſoumiſſion, mais encore avec joye.

Ils croyent l'immortalité de l'ame, les récompenſes & les châtimens d'une autre vie, quoiqu'ils s'expliquent là-deſſus d'une façon aſſez extraordinaire. Ils aſſurent que l'ame eſt un être indépendant de la matiere, quant à ſon eſſence ; puiſqu'elle a les facultés de penſer, de vouloir

& de choiſir, opérations dont la matiere, quelque ſubſtile qu'elle ſoit, ne peut jamais être capable; mais leur idée de la préexiſtence de l'ame avec l'*El*, avant qu'elle anime le corps, eſt très-confuſe.

Voici en quoi ils penſent que conſiſteront les récompenſes & les punitions de l'autre vie; ils s'imaginent que plus leurs actions dans celle-ci auront été conformes à la ſageſſe infinie de Dieu, plus leurs ames approcheront dans l'autre de la ſouveraine perfection de ce divin modéle; que ſi au contraire ils s'en ſont éloignés dans cette vie, Dieu permettra qu'ils perſéverent toujours dans cette contrariété, juſqu'à ce qu'ils deviennent à la fin ſi vicieux & ſi méchans, qu'ils ſe déteſtent eux-mêmes.

Cette idée des degrés de perfection, qui doivent être la récompense des hommes, ſuivant les degrés de leur vertu, paroît avoir quelque rapport à l'hyérarchie que nous croyons être de la juſtice divine, ſoit dans les peines, ſoit dans les récompenſes éternelles : elle eſt en effet une preuve de l'équité de celui qui récompenſe ou qui punit.

Les plus ſenſés des Mezzoraniens croyent la métempſicoſe, ou la tranſmigration des ames, (*a*) non com-

(a) *Ils croyent la métempſicoſe, ou la tranſmigration des ames, &c.* Cette opinion eſt très ancienne : Pythagore même l'apprit en Egypte, & peut-être de la façon que les Mezzoraniens la reçoivent, & en ce ſens elle eſt bien moins déraiſonnable que celle que ce Philoſophe a enſeignée. Cependant, M. Gaudence me permettra de douter que des gens ſages & éclairés ayent adopté ce ſyſtême au pied de la lettre ; je le crois pureme une punition de l'autre vie, ce qui étoit le ſentiment de quelques-uns des anciens Philoſophes Payens, mais comme un châtiment mérité dans celle-ci. Cette tranſmigration des ames eſt entierement différente de l'opinion qu'on en a conçue, & de ce que les Anciens entendoient par le terme de métempſicoſe, ſçavoir, que les ames des méchans, des voluptueux, &c. paſſoient après leur mort dans le corps de telle ou telle bête, ſelon les paſſions dominantes auſquelles ils s'étoient abandonnés, juſqu'à ce qu'ayant expié leurs crimes, il leur fût enfin permis de rentrer dans un corps humain.

ment allégorique, quoiqu'il ſoit vrai que quelques-uns des Anciens ayent crû de bonne foi la métempſicoſe de Pythagore.

Les Mezzoraniens croyent au contraire que les ames des bêtes entrent dans les corps des hommes dès cette vie. Ils disent que les corps humains sont des demeures si délicates, que les ames des bêtes les envient aux hommes, & tâchent continuellement de s'y insinuer & de s'y établir; qu'elles y réussissent dès qu'on cesse de suivre les lumieres de la raison, qui peut seule nous garantir de ces ennemis toujours prêts à nous surpendre; & que si nous ne nous tenons sur nos gardes, ces ames animales s'emparent de l'ame raisonnable, de façon qu'elle ne peut plus gouverner le corps, ni agir, si ce n'est de concert avec l'ame animale pour assouvir ses passions brutales, ou qu'elle ne fait tout au plus que de foibles efforts pour ſortir de cet eſclavage.

J'ai crû d'abord que ce ſyſtême étoit allégorique, pour marquer la reſſemblance qu'il y a entre les paſſions des hommes, lorſque la droite raiſon ne les gouverne pas, & celles des bêtes. Mais j'ai ſçu dans la ſuite qu'ils croyent que cette tranſmigration arrive réellement : je n'en doutai plus après le dernier voyage que je fis en Egypte avec le Pophar : quand il voyoit paſſer les Turcs ou d'autres étrangers, & même des Arméniens & des Chrétiens Européens, il me diſoit ſouvent en langue Mezzoranienne, voilà un cochon, voici un lion, un loup, un renard, un chien, ou quelqu'autre animal ſemblable ; c'eſt-à-dire, qu'ils croyent le corps d'un homme voluptueux possédé par l'ame d'un cochon ; celui d'un luxurieux par l'ame d'un bouc ; celui d'un traitre par l'ame d'un renard ; celui d'un tyran par l'ame d'un loup, & ainsi des autres. On leur inculque ces idées dès leur plus tendre jeunesse, & avec tant de soin, qu'elles contribuent beaucoup à les retenir dans les bornes de la raison.

Dès qu'un jeune homme se trouve enclin à quelqu'une de ces passions, il s'adresse aussitôt à un ami qu'il croit plus sage que lui ; cet ami l'assure que l'ame de telle ou telle bête, tend des piéges pour supplanter la sienne, & se mettre à sa place. Cela les rend circonspects ; ils se tiennent en garde contre leurs propres passions, pour ne point être surpris par cet ennemi impitoyable. Le premier reméde qu'ils employent, eſt de ſe recueillir attentivement en eux-mêmes pour y contempler la divine lumiere qui les éclaire ; à l'aide de ce céleſte flambeau ils cherchent, ils fouillent dans tous les replis de leur ame ; & quoiqu'il ſoit très-difficile de déloger ces ames brutales, dès qu'elles ont pris poſſeſſion, ennemies de la clarté, elles s'enfuyent cependant, lorſqu'elles ſentent que leurs deſſeins ſont découverts.

La crainte d'être livré à la tyrannie de ces eſprits immondes, eſt ſi bien gravée dans leur ame, même dès leur enfance, que c'eſt à cette doctrine qu'ils attribuent la régularité de leur vie. Les femmes ont adopté le même ſyſtême, avec cette différence, qu'elles croyent que les ames animales, qui s'emparent de leurs corps, font d'une autre efpéce que celles qui tendent des piéges aux hommes. Elles difent, par exemple, que c'eft l'ame d'un caméleon qui les rend fauffes & inconftantes, que les coquettes & les petites maîtreffes ont des ames de paon, les cruelles & les capricieufes des ames de tigreffe, & ainfi des autres (*a*). Elles font encore un aveu (*b*), qui eft d'autant plus furprenant, que comme les femmes fe font une loi d'idolâtrer leurs défauts, elles conviennent

(a) *Des ames de tigreffes, &c* Cette idée de la tranfmigration des ames d'animaux dans des corps d'hommes & de femmes, même dans cette vie, n'étoit pas inconnue aux Anciens, & furtout la tranfmigration de ces ames dans les corps des femmes, témoin le Poëme qui nous refte de Simonide, très-ancien Poëte Grec, fur ce fujet.

(*b*) Je doute beaucoup que le fexe foit partout d'auffi bonne foi qu'en Mazzoranie.

rarement des imperfections qui obſcurciſſent leurs appas. Elles avouent qu'il eſt encore plus difficile de chaſſer de leur corps les ames animales, qui en ont pris poſſeſſion que du corps des hommes. Et c'eſt ſans doute, parce que, diſent-elles, les mauvaiſes ames par la duplicité qui eſt naturelle à notre ſexe, ſe tiennent beaucoup plus long-tems cachées chez les femmes : ce n'eſt qu'à l'âge de vingt-cinq ou trente ans qu'on commence à les appercevoir ; dans la plûpart des hommes au contraire, elles ſe montrent preſque auſſitôt qu'elles s'y ſont gliſſées.

J'ai vû en pluſieurs occaſions que c'eſt par rapport à cette doctrine que les Mezzoraniens ſe ſont tant appliqués à l'étude de la phyſionomie : auſſi ont-ils établi des régles pour connoître par la contenance d'un homme, par ses traits & par ses regards, si l'ame animale n'a point pris possession de son corps, afin d'appliquer des remédes convenables. Cette science, toute incertaine & douteuse qu'elle est parmi les Chrétiens qui ont les secours plus efficaces de la vertu & de la grace pour résister à leurs passions, ces ennemis redoutables de l'homme, est cependant portée chez les Mezzoraniens à un degré de perfection & de certitude beaucoup plus évident qu'on ne se l'imagineroit. Ce peuple, qui n'a pas les mêmes lumieres que nous, ne se donneroit pas sans doute tant de peine pour réprimer ses passions, s'il ne connoissoit d'avance tous les dangers que l'on court à ne pas les combattre : c'est pourquoi tous les anciens s'étudient à faire l'application des connoissances qu'ils ont acquises dans la science de la phisionomie ; lorsqu'ils se trouvent avec les jeunes gens, ils ont soin d'examiner attentivement leurs traits, leur complexion, leurs mouvemens, leur tempérament, le ton de leur voix, le tour de leur visage, de leur nez, de leurs oreilles, &c. Ils observent surtout fort scrupuleusement leurs yeux & leur regards; c'est dans cette partie plus que dans toute autre, que l'ame, selon eux, exprime les divers mouvemens qui l'agitent, & qu'ils prétendent connoître les passions qui dominent en eux. Cette conduite les éclaire sur la nature de l'ame animale, qui attaque l'ame raisonnable. Ils connoissent si elle a déja pris la place, ou si elle en est encore aux attaques: ils sont si prévenus de la certitude de leurs observations, que frappés d'une idée desavantageuse contre les étrangers, ils évitent avec soin leur compagnie, ou du moins se tiennent sur leur garde, & n'ont avec eux aucun commerce intime.

Mais si la personne attaquée par une mauvaise ame est de leur pays, ils l'avertissent aussitôt du danger qui la menace. Cet avis joint à l'horreur, qu'on leur inspire continuellement de ces ennemis de leur repos, suffit pour les retenir dans l'ordre; de sorte qu'il n'est point de peuples dont les mœurs soient si pures & si innocentes. Ces qualités cependant perdent de leur éclat par la haute idée qu'ils ont d'eux-mêmes, & par le mépris marqué qu'ils ont pour le reste des hommes, comme s'ils n'avoient avec eux d'autre ressemblance que la figure (*a*).

Il est vrai que les Mezzoraniens les plus sensés reprennent les autres de cette foiblesse, & leur en font sentir l'injustice, du moins autant qu'on le peut, quand on ignore la Loi de la grace, en leur traçant toutes les miseres & les infirmités de la vie humaine, qui étant des maux réels, doivent être la punition de quelque faute; ils leur représentent que les plus parfaits sont sujets à la mort, qui ne met point de distinction entre

(*a*) Les Chinois que j'ai prouvé être descendus des premiers habitans de l'Egypte, ont le même mépris pour les étrangers, & disent que toutes les autres Nations n'ont qu'un œil, au lieu que la nature leur en a donné deux; faisant entendre par-là combien ils se croyent plus sages & plus éclairés que le reste des hommes.

eux & le reste des humains, que l'humilité & la compassion sont des vertus émanées de la divine essence, qu'ils doivent imiter. C'est à ces instructions que les Mezzoraniens doivent leur extrême politesse, leur douceur & le tendre intérêt, qu'ils prennent aux malheurs étrangers, avec qui ils ne veulent point lier commerce; ils croyent sérieusement qu'ils sont possédés d'un mauvais génie. Croiroit-on qu'une prévention aussi ridicule pût produire cependant le principale bien des Mezzoraniens? Si du moins on peut regarder comme tel le bonheur d'être si intimement unis, qu'ils n'ont jamais voulu depuis leur transmigration hasarder d'alliance étrangere. Ainsi la raison humaine péche souvent dans les principes & par un ordre

ordre impénétrable de la Providence, elle ſe rectifie par les conſéquences. C'eſt à un prodige ſi étonnant que la nature doit ſa conſervation ; & comme chez les Mezzoraniens c'eſt le même ſang qui circule dans tous les individus raiſonnables, il n'eſt pas merveilleux de les voir animés de cet eſprit de fraternité, principe de leur bonheur.

Leur priere du matin ſe borne à demander au Soleil de faire fructifier la terre, & de verſer d'heureuſes influences ſur toute la nature. Toutes les prieres ſe font au Temple du Soleil ; on eſt obligé de s'y trouver : il n'y a que des raiſons d'Etat qui puiſſent juſtifier ceux qui y manquent. Les hommes dans le Temple ſont ſéparés des femmes & des filles. Pluſieurs Vieillards ſon chargés d'obſerver ſcrupuleuſement ſi l'un & l'autre ſexe ſont attentifs aux cérémonies ; & ces priéres ſe terminent toujours par des hymnes aux Ancêtres, pour les implorer, & obtenir d'eux leur médiation auprès du Vicegérent de l'*El*. La priere du ſoir ſe fait dans le même lieu, au Soleil couchant : celle-ci eſt plus ſpirituelle, elle eſt conçue en termes qui indiquent qu'ils s'adreſſent auſſi au maître du Soleil. Ils demandent à l'*El* d'écarter d'eux pendant le ſommeil, les ames animales dont ils ſe croyent toujours environnés. (*a*)

Il n'eſt point de Code plus abrégé, & qui contienne moins de loix, que le Code Mezzoranien : auſſi n'eſt-

(*a*) Ce petit détail a été omis par le premier Editeur ; on n'en ſçait point la raiſon.

il pas de peuple qui les obſerve plus rigoureuſement que celui dont je vous parle. J'ai ſouvent entendu le Pophar parler contre ſa coutume avec aigreur, des Juriſconſultes des autres pays, qui font loix ſur loix, & accumulent préceptes ſur préceptes : on diroit d'eux, ajoutoit-il, qu'ils n'ont affecté de faire tant de loix & tant de commentaires ſur chaque loi, que pour dégoûter les gens qui ont quelqu'intérêt à s'en éclaircir. Je ne vois rien de plus facile, diſoit-il, que de faire des loix courtes & claires. Si je défends à mon fils de faire tort aux autres, pourquoi lui détailler toutes les choſes ; l'inſtruire ſur les moyens, & l'éclairer par un détail dangereux de toutes les circonſtances dans leſquelles on peut faire tort à quelqu'un ? Il n'y a qu'à exposer le fait de part & d'autre : tout homme de bon sens & d'équité, vous dira sur le champ si l'un d'eux est lésé, ou non ; mais dès que vous entassez une infinité de circonstances, il sera beaucoup plus difficile de décider ce qui est juste d'avec ce qui ne l'est pas, qu'en prenant pour regle la défense simple & absolue de ne faire à qui que ce soit le moindre mal, ou le moindre tort. A peine pourrez-vous croire en combien peu de tems, & avec quel discernement leurs Juges décident les différends qui surviennent, (à la vérité bien rarement entre eux.) Ils se croiroient flétris du crime le plus honteux, s'ils apprécioient une cause, suivant le crédit & les facultés : il n'y a aucune Cour de Justice où les affaires puissent être traitées d'une façon si abrégée ; on expoſe l'affaire aux aſſemblées publiques, ou à un, ou à deux hommes prudens & juſtes, qui ſur le champ la décident ſans appel. Leur grande loi eſt, *tu ne feras aucun tort à qui que ce ſoit* : on part de ce principe fondamental, qui doit être gravé dans le cœur de tous les hommes, pour juger du droit des uns & des autres, ſans entrer dans des diſcuſſions inutiles qui ne ſervent qu'à embrouiller une affaire. Tous les cas que l'on a coutume de ſuppoſer pour ſervir d'éclairciſſemens, font, diſent-ils, plus de fourbes & de trompeurs, que de gens habiles à ſe garantir des piéges qu'on leur tend.

Les loix des Mezzoraniens ne ſont donc autre choſe, que les premiers principes de la juſtice naturelle, expliqués par leurs Anciens en préſençe de tous ceux qui veulent s'y trouver ; on ne sçait ce que c'est que remettre la décision d'une cause d'année en année, ni de solliciter les Juges pour obtenir un prompt jugement (*a*).

On a tant de soin de faire connoître aux enfans dès la plus tendre jeunesse, ce qu'ils doivent à la Divinité, le respect qu'ils doivent avoir pour leurs parens vivans, & le culte (trop superstitieux) qu'il convient de rendre à leurs Ancêtres décédés, qu'il n'est besoin d'aucune Loi écrite pour les engager à s'y con-

(*a*) La justice ne peut pas décider ici aussi vîte que chez les Mezzoraniens ; on employe trop de moyens pour l'arrêter. Combien ne lui faut-il pas de tems pour se faire jour au-travers des difficultés épineuses que la maligne subtilité des hommes fait naître à chaque instant? Malheureux talent, qui montre toute la perversité du cœur en faisant valoir l'esprit !

former. Un homme qui négligeroit ces devoirs, ou qui en douteroit, feroit regardé comme déja poſſédé par l'ame immonde de quelque animal.

Par une Loi fondamentale de l'Etat il leur eſt expreſſément défendu de répandre le ſang humain de deſſein prémidité (*a*). Ils portent

(a) *Il étoit défendu de répandre le ſang humain, &c.* Ces peuples deſcendus de Miſraïm, qui peut-être avoit connu le Patriarche Noë, peuvent avoir appris par tradition la punition de Caïn pour le meurtre de ſon frere Abel, & avoir porté cette opinion un peu trop loin. Quoi qu'il en ſoit, je ne puis m'empêcher de dire que c'eſt la méchanceté des hommes qu'il faut blâmer de tout tems, & ne point s'en prendre à Dieu, comme font quelques Eſprits-forts, qui l'accuſent de les avoir laiſſés dans l'ignorance.

Le méchant Ham, ou Cham, étoit dans l'Arche avec Noë, & vécut pluſieurs années avant le déluge (l'Ecriture, l'Hiſtoire ancienne & la Foi en ſont des preuves) ainſi il a été témoin de la punition exemplaire que ſi loin cette loi ſi chere à la nature, qu'ils ne font jamais mourir aucun criminel, pas même pour meurtre ; il eſt vrai qu'il faut des ſiécles pour qu'ils trouvent l'occaſion de la mettre en pratique. S'il eſt conſtant qu'un homme en ait aſſaſſiné un autre, ce qu'ils croyent preſqu'impoſſible, alors le criminel convaincu de ſon crime, eſt enfermé pour le reſte de ſes jours. A ſa mort (*a*) ſon crime

Dieu a infligée au monde pour les péchés des hommes. N'auroit-il pas pû apprendre de ſon pere Noë à devenir juſte, & ſçavoir de lui quelle en eſt la récompenſe immortelle ? Ham n'auroit-il pas pû l'enſeigner à ſes enfans, ceux-ci aux leurs, & ainſi de génération en génération ? Mais leurs mœurs ont toujours été corrompues, preuve de la néceſſité de la Loi de grace, & de la révélation.

(*a*) Voyez ce que dit le ſçavant Evêque de Meaux, dans ſon Hiſtoire Univerſelle, *Part.* 3. ſur les Egyptiens, & leurs punitions après la mort.

eſt publié dans tous les Nomes, de même que lorſqu'on l'enferme ; ſon nom eſt rayé de leurs généalogies, & ſon corps eſt mutilé de la même façon que celui de la perſonne qu'il a tuée ; on le brûle enſuite, on jette ſes cendres au vent, dès-lors on ne le compte plus de la race des Mezzoraniens.

Si je croyois ne point choquer vos chaſtes oreilles par le détail de certaines punitions, qu'ils ont attachées à certains crimes, je vous ferois par cette idée connoître plus exactement celle qu'ils ont des vertus oppoſées.

L'Inquiſiteur. Nos cœurs habitués à la pureté ne craignent point d'être ſouillés par les ſons qui frappent nos oreilles. Il n'eſt rien, pour bien éloigné qu'il vous paroiſſe de notre objet (c'eſt la Religion) que nous ne ſachions rapporter à ſa gloire. Parlez.

Gaudence. L'adultere eſt de tous les crimes celui que les Mezzoraniens paroiſſent avoir le plus en horreur, ſi l'on en juge du moins par la punition qu'ils ont inventée. Lorſqu'un homme & une femme ſont ſurpris en flagrant délit, trois des plus anciens du Nome s'aſſemblent, & condamnent les deux coupables à une priſon perpétuelle. On habille l'homme d'une toile ſur laquelle on a peint des boucs, & on lui met ſur la tête un bonnet armé des cornes du même animal : la femme eſt auſſi couverte d'une toile ſur laquelle ſont repréſentées des chates ; on attache au col de l'un & de l'autre des grelots, on promene les deux coupables attachés l'un à l'autre par les parties qui font leur honte, de forte que l'inftrument du crime devient celui du fupplice (*a*).

Si une fille au contraire eft furprife avec un homme marié, on lui fait grace de la chaîne avec laquelle on les attache l'un à l'autre quand les deux coupables font liés par le mariage, parce que la loi préfume qu'elle a été féduite; mais elle eft renfermée pour le refte de fes jours, condamnée à un régime de vie propre à anéantir des feux qui lui ont fait oublier la pureté de fes ancêtres.

(*a*) Cette punition ne paroît point appartenir au feul Gouvernement Mezzoranien. On lit dans les Antiquités de Bordeaux que l'adultere étoit puni de la même maniere; fi l'on en excepte la toile & les figures de boucs & les grelots, dont on fe fert encore à Toulouſe pour punir les filles proftituées.

L'homme, deſtiné auſſi à une priſon perpétuelle, eſt obligé de travailler au bien public, mais admirez l'équité de cette Nation : ſi l'un ou l'autre des coupables parvient dans ſa retraite à ſe diſtinguer par quelque talent, on le récompenſe d'une ſtatue. Le ſeul meurtre détruit toutes les récompenſes dûes aux talens ; la raiſon de cette différence eſt priſe dans la nature même. Un homme, me diſoit le Pophar, qui en tue un autre, ceſſe d'être homme, puiſque dès ce moment il ceſſe de reſpecter l'image de ſes ancêtres, l'ouvrage du Soleil, & l'ordre établi par l'auguſte Sageſſe de l'*El*.

Mais j'abuſerois ſans doute d'un tems qui vous eſt précieux, ſi j'entrois dans le détail de toutes leurs loix, dont la ſageſſe me paroît admirable, quoiqu'à dire vrai, la coutume ait beaucoup plus de part que les loix écrites au réglement des affaires ordinaires de la vie, comme vous conclurez de ce que vous allez entendre ſur la forme de leur Gouvernement & de leurs inſtitutions particulieres. Je vous demande ſeulement de m'arrêter un peu ſur deux circonſtances qui m'ont frappé. La premiere, c'eſt que tous les habitans du Nome, dans lequel le crime a été commis, tant hommes que femmes, doivent ſe trouver préſens aux punitions exemplaires, & expliquer à leurs enfans quel eſt le crime qu'on punit, afin de leur en inſpirer une juſte horreur. L'autre regarde les fraudes ou injuſtices des hommes. Si les Anciens découvrent qu'un citoyen ait été trompé par un autre, ou qu'il en ait reçu un tort considérable, le coupable est condamné à restituer neuf fois la valeur. L'homme, convaincu d'avoir surpris la Religion des Juges, est envoyé aux extrêmités du Royaume, pour y vivre seul pendant un tems proportionné à sa faute, après qu'on lui a mis préalablement une marque sur le front, pour avertir un chacun de l'éviter; par une précaution aussi sage on empêche la propagation de ces principes dangereux.

De leur Gouvernement.

J'ai déja eu l'honneur de vous dire, mes Reverends Peres, que le Gouvernement des Mezzoraniens est Patriarchal; cette forme a toujours été observée inviolablement, car il n'y a pas au monde de peuple ſi fortement attaché à ſes inſtitutions primitives, mais l'ordre de la ſucceſſion eſt unique. Vous vous ſouvenez ſans doute, mes Révérends Peres, que les Mezzoraniens ſont tous ſortis d'une même famille, dont le chef étoit Prêtre du Soleil, lorſqu'ils furent obligés de quitter l'Égypte. Cette forme de gouvernement avoit ſubſiſté depuis le tems que Miſroaïm prit poſſeſſion de cette terre pour y demeurer; mais lorſque dans la premiere vallée, dont j'ai parlé, ils ſe virent à couvert de toutes les entrepriſes de leurs voiſins, ils établirent cette forme de gouvernement d'une façon particuliere.

Le grand Pophar s'étant établi dans cette vallée avec ſes cinq fils & ſes cinq filles, qui étoient tous mariés, il les gouverna pendant ſa vie en pere ou en Patriarche. La grande vénération que les Mezzoraniens ont pour leurs parens, jointe à ce qu'ils étoient ſéparés du reſte du monde, rendoit cette forme de gouvernement infiniment plus praticable qu'on ne ſe l'imagineroit d'abord. Comme ils étoient tous les enfans d'un même pere, l'intérêt commun & l'intérêt particulier ne faiſoit qu'un. Dans la premiere tranſmigration toute la Nation étoit compoſée des enfans, des petits-enfans, & des arriere-petits-enfans du vénérable Vieillard qui les avoit conduits dans cette vallée. N'ayant à faire ni guerre, ni voyages ſur mer, & par conſéquent n'étant point expoſés à gagner ni les maladies, ni les vices des autres nations, qui ſont généralement

généralement parlant, auſſi différentes les unes des autres par leurs façons de vivre, que par les climats qu'elles habitent; n'ayant, dis-je, aucune de ces voyes ouvertes pour la deſtruction de leur peuple, non-ſeulement le nombre en augmenta prodigieuſement, ſans le ſecours de la pluralité des femmes, mais encore leur genre de vie ſimple & naturel, les faiſoit parvenir à une grande vieilleſſe, les uns vivans plus de cent ans, & d'autres plus de cent cinquante. Le premier Pophar, ſuivant leur Hiſtoire, avoit vécu cent cinquante-cinq ans; ſon fils aîné, qui lui ſuccéda, & qui étoit d'un tempérament plus robuſte, étoit parvenu à l'âge de cent ſoixante ans.

Peu de tems après ſon établiſſement dans la premiere vallée, il partagea ſon petit Etat en cinq Nomes ou Gouvernemens, qu'il donna à ſes cinq fils, qui devoient tous être ſubordonnés à l'aîné, mais d'une ſubordination purement Patriarchale. Les autres Gouverneurs, & même les peres étoient les diſpenſateurs ſouverains des Loix, chacun dans ſa propre famille ; mais en même tems ils étoient ſujets à l'inſpection de leurs Supérieurs immédiats, comcomme ceux-ci l'étoient à celle du grand Pophar, ſecondé d'un nombre de Conſeillers qu'on établit dans la ſuite.

Pour vous donner, mes Révérends Peres, une idée plus diſtincte de ce Gouvernement extraordinaire, je puis commencer par le grand Pophar, & deſcendre juſqu'aux familles particulieres, ou remonter de ces familles jusqu'au Pophar. Je parlerai ensuite de leurs droits de succession. La chose sera plus simple & plus claire en partant du premier établissement de la Colonie des Mézzoraniens, avant que leur nombre fût si considérable.

A la premiere transmigration le Pophar marqua les limites de chaque Nome; chaque fils prit possession, pour lui & pour ses héritiers, du terrein qui lui étoit donné en partage. Tant que les enfans de chacun de ce fils du Pophar restoient sans se marier, ils étoient sous le gouvernement de leur pere, qui cultivoit autant de terre qu'il en falloit pour les besoins & les commodités de la vie. Mais dès qu'un d'entre eux se marioit, ou du moins dès qu'on pouvoit le nommer pere de famille, ſon pere du conſentement du Pophar, lui donnoit en partage aſſez de terre pour ſervir aux mêmes fins : ainſi chaque famille s'étendoit comme d'un centre commun, à-peu-près de la même maniere qu'ils bâtiſſent leurs villes, juſqu'à ce que tout le Nome fût occupé. Vous me direz qu'il faudra par la ſuite des tems que ce peuple augmente à l'infini, & qu'il n'y aura pas aſſez de terre pour le contenir & pour fournir à ſa ſubſiſtance : ce qui en effet lui eſt arrivé dans la premiere vallée, qui devint ſi peuplée, que ſi le fameux Pophar, qui les conduiſit dans le vaſte continent qu'il habitent aujourd'hui, n'eût fait cette glorieuſe découverte, au péril même de ſa vie, ils auroient été forcés de retourner en

Egypte, ou de ſe manger les uns les autres ; mais le pays qu'ils habitent actuellement, eſt aſſez étendu, quelque nombreux que ſoit le peuple, pour les contenir encore pluſieurs ſiécles.

J'ai cependant repréſenté au Pophar qu'ils ſe trouveroient tôt ou tard réduits à la même extrémité : cette idée l'inquiéta d'abord, & ne fut point infructueuſe; elle occaſiona une découverte dont je rendrai compte dans la ſuite. Le nombre de ceux qui s'adonnent aux Arts & aux manufactures, eſt ſi grand, & le pays eſt ſi fertile, qu'ils paroiſſent aſſez tranquilles ſur le néceſſaire.

De tous les Arts l'agriculture tient chez eux le premier rang, après les Sciences libérales ; & on la regarde comme la nourrice de tous les autres. La terre est si fertile, qu'elle produit, quoique cultivée fort légerement, une si grande abondance de légumes, de fruits délicieux, que les habitans n'ont, pour ainsi dire, que la peine de les cueillir; il faut observer qu'ils ont deux Etés & deux Printems, & que chacune de ces saisons produit des fruits différens. Mais pour revenir à l'idée de leur gouvernement, chaque pere de famille gouverne, tant qu'il vit, tous ses descendans mariés ou non mariés. Si ses fils sont peres comme lui, ils ont sous lui un pouvoir subordonné; s'il meurt avant d'être grand-pere, le fils aîné, ou l'oncle le plus âgé, prend soin de tous jusqu'à ce qu'ils soient en état d'établir eux-mêmes des familles.

Le Chef d'une famille est sujet,

dans les cas extraordinaires, à l'inſpection de cinq des Chefs les plus prudens du canton ; ceux-ci le ſont à leur tour à celle de cinq autres, choiſis d'une commune voix dans les cinq cantons voiſins, qui ſont eux-mêmes ſujets aux Chefs des cinq Nomes, comme tous les Nomes le ſont au grand Pophar, aidé de trois cens ſoixante-cinq Anciens ou Sénateurs choiſis dans chaque Nome. Ce qu'il y a de plus ſingulier dans cette forme de gouvernement, c'eſt que tous ſont en quelque façon abſolus & indépendans, (auſſi ſe regardent-ils tous comme égaux par la naiſſance,) quoiqu'il y ait cependant une dépendance & une ſubordination naturelle, dont le droit d'ancienneté eſt la baſe dans toute l'œconomie de cet Etat, comme vous verrez, mes Révérends Peres, par ce que je dirai de leurs Loix à l'égard des ſucceſſions. Chacun eſt Seigneur & maître de ſes propres poſſeſſions; cependant le Pophar peut en diſpoſer quand il s'agit du bien public. Jamais ils ne s'oppoſent à ſes volontés, parce qu'ils le regardent comme leur pere commun par ſa dignité, & comme leur propre pere par la tendreſſe qu'il a pour eux.

L'ordre de ſucceſſion par droit d'aîneſſe eſt ſi particulier, qu'il paroît impliqué. Pour vous donner tout enſemble une idée de la ſupériorité des aînés, & de l'égalité qui regne entre les cadets, j'expliquerai de mon mieux quelle en eſt la régle. Le fils aîné du premier Pophar eſt toujours grand Pophar, dès qu'il eſt en âge de gouverner l'Etat, c'eſt-à-dire, quand il a cinquante ans. Mais s'il meurt ſans laiſſer d'enfant mâle, ce n'eſt point au fils de l'oncle, ni à perſonne du même Nome que la ſucceſſion tombe, mais à l'héritier préſomptif du Chef du Nome voiſin. Si celui-ci n'a point encore atteint l'âge porté par la conſtitution, on paſſe dans l'autre Nome; & toujours ſuivant le même ordre, juſqu'à ce qu'on ait trouvé un Sujet habile à ſuccéder.

Si cet héritier mâle manque dans tous les Nomes, c'eſt alors au fils aîné de la ſeconde perſonne du premier Nome à ſuccéder à la dignité de grand Pophar, & toujours par gradation de Nome en Nome; du fils aîné de la premiere perſonne du Nome dans lequel on eſt, à celui de la ſeconde ; & de celle-ci au fils aîné de la troiſiéme en revenant au premier Nome ; la régle eſt invariable. Ils diſent s'être trouvés dans ce cas pluſieurs fois depuis leur premier établiſſement; la choſe en effet, n'eſt point ſurprenante, s'ils ſont auſſi anciens qu'ils prétendent l'être. Par cette chaîne de ſucceſſion chacun peut prétendre à la dignité de Pophar, quoiqu'elle paroiſſe héréditaire ; mais ſi l'héritier préſomptif eſt mineur, il eſt toujours ſenſé l'être juſqu'à l'âge de cinquante ans ; l'aîné du ſecond fils du Nome voiſin eſt Régent du Royaume, juſqu'à ce que l'héritier ſoit en état de gouverner. Cette conſtitution regarde auſſi la Régence ; de ſorte que chacun peut y prétendre de même qu'au Popharat : il eſt vrai cependant que l'héritier présomptif ne peut jamais être Régent. Cette exclusion fait passer cette dignité successivement dans toutes les familles : c'est au grand Pophar, au Sanhedrim & aux Députés de chaque Nome à nommer conjointement tous les autres Officiers publics, les Professeurs des Arts & des Sciences, les Inspecteurs des Emplois publics. Ainsi chacun appellé par le droit qu'il porte en naissant à la Régence ou au Popharat, travaille à force d'obéir à se rendre digne de commander, ou, pour mieux dire, de conduire tendrement ses freres.

Quoique j'aye dit ci-devant, mes Révérends Peres, que le Pophar est en quelque façon propriétaire de tout le pays, en qualité de Chef de l'Etat & de premier Patriarche, cependant le paradoxe de ce gouvernement consiste en ce que tous sont également maîtres, ne reconnoissant pour supérieurs que les aînés, & ceux qui sont revêtus de quelque dignité; mais ils sont dédommagés par le droit délibératif qu'ils ont aux élections. En un mot, tout ce Royaume n'est qu'une même famille fort nombreuse, gouvernée par les Loix de la nature, administrée par des Officiers sages & habiles, qui sont nommés d'un consentement unanime, pour le bien, l'ordre & la conservation commune; chaque particulier se regardant comme une partie de cette grande famille. Le grand Pophar en est le pere commun: il chérit tous ses sujets comme ses enfans, & les appelle toujours de ce nom. Il régne entre eux une union de freres;

ce qui ne convient point à l'un, l'autre le prend, & ils s'obligent ainſi mutuellement. Tous contribuent, à proportion de leurs moyens, à toutes les dépenſes publiques, aux édifices, aux écoles, à la fondation de nouvelles villes, &c.

Toutes les proviſions ſuperflues ſont dépoſées dans des Magazins publics, pour l'uſage de tout le peuple; on nomme des Inſpecteurs qui doivent en avoir ſoin, ils ſont chargés auſſi de maintenir l'ordre dans la diſtribution. Chacun contribue ainſi à toutes les dépenſes de l'Etat, aux fêtes publiques, &c. Ces fêtes ſont quelquefois extrêmement magnifiques; les Mezzoraniens affectent un dehors pompeux en tout ce qu'ils font. Dans leurs Villes chacun eſt libre d'entrer dans les maiſons qu'il lui plaît, comme s'il en étoit le maître : ils font de même quand ils voyagent, troquant les curioſités d'un endroit contre celles d'un autre, de ſorte qu'on croiroit qu'ils vont plutôt ſe rendre des viſites que trafiquer. Les chemins ſont auſſi fréquentés que les rues des Villes ; on y voit un mouvement perpétuel, ils voyagent fréquemment pour entretenir une correſpondance avec tous les Nomes, de crainte que l'éloignement de lieux ne leur faſſe oublier à la fin qu'ils ſont tous freres & d'une même famille.

Comme le pays produit abondamment, & ſans beaucoup de culture, tout ce que la nature peut fournir de plus exquis, le plus grand nombre des habitans eſt employé aux

Arts & aux métiers, chacun eſt libre ſur le choix ; auſſi les ont-ils portés à une perfection ſurprenante ; la paix dont ils ont toujours joui, leur établiſſement dans un même pays, & ſous une même forme de gouvernement depuis tant de ſiécles, l'eſprit du peuple naturellement laborieux & inventif, la connoiſſance des Arts qu'ils ont apportés d'Egypte, & tout ce que leurs Anciens, & leurs Citoyens les plus éclairés ont appris d'utile & d'inſtructif dans les voyages qu'ils ont faits pour viſiter les cendres de leurs Ancêtres, ont contribué beaucoup à les polir, & à les perfectionner.

On pent dire des Mezzoraniens qu'ils ſont tout à la fois maîtres & domeſtiques ; chacun a ſon emploi, les jeunes ſervent les plus âgés ;

c'eſt aux Supérieurs à régler les fonctions des autres, comme on le pratique dans nos Communautés. Tous les enfans, ſans exception, ſont leurs études, & ſont élevés aux dépens du Public, comme appartenans à l'Etat, ſans autre diſtinction que celle que leur donne leur *mérite perſonnel.* (*a*) C'eſt à leurs Régens, ou à ceux qui ont ſoin de leur éducation, à juger de leur génie, & de l'état auquel il convient de les deſtiner. Les Sciences les plus ſublimes ſont celles qu'ils reſpectent le plus : c'eſt aux grnnds Hommes, aux Gouverneurs, & aux Chefs à les cultiver. (*b*) La raiſon que les heureux

(*a*) Que de gens fortunés s'imaginent qu'on penſe de même ici !

(*b*) Quelle différence de pays & de ſentimens ! En compteroit-on beaucoup chez nous, qui penſent auſſi juſte ?

Mezzoraniens

Mezzoraniens en apportent, c'eſt que, diſent-ils, comme il faut avoir l'âge de cinquante ans pour prétendre aux grandes dignités, ils ont plus de tems pour ſe perfectionner.

Ils ſuppoſent avec raiſon que les perſonnes qui excellent dans les Sciences ſublimes, ſont non-ſeulement les plus propres à gouverner un peuple raiſonnable, mais encore plus capables de bien conduire, & de bien exécuter ce qu'ils entreprennent. Cet article important fixe toutes les attentions de ceux qui ſont chargés de l'éducation de la jeuneſſe, deſtinée par les diſpoſitions qu'on lui trouve, aux grandes dignités: on communique peu-à-peu & ſelon les talens, les regles de l'art de gouverner, non par un eſprit d'ambition. Tous les emplois ſont regardés plutôt comme un embarras honorable, que comme un avantage : aussi n'ont-ils pour objet que le bien réel de la société, à l'exclusion de tout intérêt pesonnel.

Notre dessein, me disoit le Popher, est de ne pas voir un homme dans l'humiliante & dangereuse nécessité, de ne voir que par les yeux d'autrui : quand on ne sçait que par les autres, on sçait trop équivoquement : un aveugle qui n'a pour se conduire que les yeux d'une autre personne, est souvent la dupe de sa confiance ; & les lumieres de l'esprit sont bien douteuses, quand on les tire de l'esprit des autres. D'ailleurs il faut être aussi supérieur par ses connoissances que par les dignités ausquelles on est élevé. Quoi de plus humiliant que d'avoir pour flambeau des inférieurs que par état on devroit éclairer! Croyez-vous qu'un Patriarche qui n'a pour Thelescope que le sçavoir de ceux qui sont au-dessus de lui, reçoive des rapports bien fidéles?

Ne Croyez pas cependant, mes Révérends Peres, que les Mezzoraniens ayent des connoissances bien étendues dans les Sciences qui fleurissent en Europe : vous verrez dans la suite que l'étude trop profonde des Sciences abstraites est défendue par la constitution de leur gouvernement. D'ailleurs la Science qui chez eux est le plus en vénération, c'est la Phisiogonomie, parce que, comme vous avez pû déja le remarquer, ils tirent des conjectures qui les éclairent beaucoup sur les penchant & les inclinations de la jeunesse. Ils appellent la Morale au ſecours, & d'une telle politique naiſſent des vertus qui étouffent dans les cœurs des jeunes gens tous les germes des vices. Bien différens ſur ce point de preſque toutes les autres Nations, qui ne connoiſſent point de topique plus efficace pour les paſſions que d'y ſuccomber

Ils font très-peu de cas de ces ſciences qui aiguiſent l'eſprit, & aigriſſent le cœur; ils n'eſtiment même des Mathématiques que la partie qui peut les aider à perfectionner les Arts.

L'agriculture tient, comme je vous l'ai déja dit, mes Révérends Peres, le premier rang après les Arts libéraux : les Arts les plus néceſſaires ſont les plus eſtimés ; ceux qu'on priſe le moins ſont les moins utiles, quoiqu'ils ſoient ſouvent les plus agréables.

Comme chaque particulier eſt plus occupé du bien public que du ſien propre, on pourroit s'imaginer qu'ils ne ſont point induſtrieux, parce qu'ils ne ſont point excités par l'intérêt particulier, par le deſir d'amaſſer des richeſſes, par l'ambition d'aggrandir leurs familles, ni par d'autres motifs ſemblables qui font agir toutes les autres nations. Je l'ai crû d'abord moi-même; mais l'expérience m'a convaincu du contraire, & m'a fait connoître qu'il n'y a peut-être pas dans l'Univers un peuple auſſi induſtrieux. *La grandeur de leur Patrie eſt toute leur ambition.*

Ils comparent l'homme occupé de ſon ſeul intérêt à celui qui préfere la la partie au tout; auſſi partent-ils de la nobleſſe de ce ſentiment pour s'eſtimer beaucoup plus que les autres nations : après l'amour des louanges la gloire de la Patrie eſt leur paſſion dominante ; mais ce Peuple qui vous paroît ſi rempli d'orgueil à l'égard des autres nations, eſt ſans contredit de tous les peuples le plus modeſte, quand il ſe renferme en lui-même : leurs expreſſions ſont celles de l'humilité & de la modeſtie même. Ils diſent, par exemple, lorſqu'ils vont à la pêche, ou à la chaſſe : *Je vais manquer des poiſſons, je vais manquer des oiſeaux*. Lorſqu'ils préſentent à quelque ancien quelque eſſai dans un art, ils répondent modeſtement, s'ils en ſont approuvés : *Mon pere je crois avoir réuſſi, puiſque vous me l'aſſurez*. On n'entend jamais ſortir de leur bouche un ton affirmatif. Tous leurs entretiens ſont dictés par la défiance d'eux-mêmes ; ils ne paſſent en effet jamais pour ſi parfaits entr'eux, que lorſqu'on s'apperçoit qu'ils ne ſe croyent aucune perfection.

Il eſt vrai que les Gouverneurs ſçavent parfaitement exciter l'émulation de la jeuneſſe par les honneurs publics, des harangues & des panégyriques dans les aſſemblées, & par milles autres marques extérieures de diſtinction : les Arts les plus bas ſont encouragés de même ; par cette excellente politique tous les états ſe plaiſent dans leur Sphére. L'ambition, ce tyran de l'humanité, ne trouve point d'entrée dans leur cœur ; l'Ouvrier voyant qu'il trouve les honneurs & la récompenſe de ſes talens, ne reſſent point les aiguillons empoiſonnés de la jalouſie.

J'admire encore juſqu'où va chez eux le pouvoir de l'amour fraternel, puiſque cette émulation ne dégénere point en envie, dont les effets ſont ſi funeſtes chez les autres Nations.

Ceux dont la conduite ſemble promettre un dégré ſupérieur de ſageſſe & de prudence, ſont deſtinés aux Gouvernemens, & ſont avancés à proportion de leur mérite : on érige une ſtatue ſuivant l'utilité de l'invention, à celui qui en eſt l'Auteur ; le nom & la famille de l'Inventeur ſont enregiſtrés dans les Archives de l'Etat: enfin, quiconque ſe diſtingue d'une maniere utile, eſt ſûr de recevoir des honneurs proportionnés dans les Aſſemblées publiques ; ce ſont des guirlandes, des couronnes, des louanges, des chanſons, ou des hymnes en ſon honneur, &c. Il n'eſt pas croyable combien ces ſortes de récompenſes réveillent l'induſtrie d'un peuple, auſſi ſenſible à la gloire que le ſont les Mezzoraniens. On punit au contraire les crimes par un mépris public : il n'y a que le meurtre & l'adultere & quelques autres crimes capitaux auſquels on ait attaché une punition plus ſévere.

Les Mezzoraniens regardent la jeuneſſe comme la ſemence de la République : ſi cette ſemence délicate, diſent-ils, ſouffrent la moindre altération, elle ne peut point éclôre heureuſement : ils concluent de ce principe ſi ſage, que l'on ne ſçauroit trop ſcrupuleuſement veiller à l'éducation des jeunes gens : je ne crois point en effet qu'il y ait de Nation qui ſurpaſſe celle-ci ſur ce point important.

On permet à la jeuneſſe beaucoup de récréation : on lui donne beaucoup de relâche ; c'eſt un effet de la ſageſſe des Anciens, qui connoiſſant à fond le caractere & le tempérament de leurs compatriotes, inſpirent aux jeunes gens une honnête gayeté, pour déraciner peu-à-peu une eſpece de mélancolie, à laquelle les Mezzoraniens ſont naturellement enclins.

Le tems eſt ſi bien partagé, qu'on ne voit perſonne vivre dans l'anéantiſſement de l'oiſiveté : on y regarde, il eſt vrai, les divertiſſemens comme une occupation, & une occupation importante, puiſqu'ils entrent en partie dans la conſtitution du Gouvernement, & qu'ils contribuent à fortifier la jeunesse.

Outre leurs récréations journalieres, ils ont dans certaines saisons des exercices ausquels ils se livrent. La course à cheval & à pied, la pêche des Crocodilles sont ceux qu'on leur permet, sous les yeux de quelque Ancien, qui ne perd point de vûe la moins importante de leurs actions. C'est dans les tems de ces innocens plaisirs que leur surveillant fait ces observations, parce que c'est dans les plaisirs que l'ame se dilate & se montre plus à découvert.

Comme la raison n'est point assez formée dans cet âge, exposé à la fougue des passions, elle ne peut point défendre l'ame contre les attaques des ames impures qui les environnent. C'est pourquoi on ne les laiſſe jamais ſeuls. Il eſt encore plus expreſſément défendu de les laiſſer coucher enſemble, parce que, diſent-ils, les ames des boucs tendent des piéges à l'ame raiſonnable, principalement dans cette ſituation, où le corps ſemble communiquer ſon ſommeil à la raiſon.

Les femmes ſont élevées à-peu-près de même : pour prévenir des accidens, dont je dirai quelque choſe en parlant de leur éducation, cet uſage eſt ſi généralement reçû & pratiqué, que les jeunes gens ne ſont jamais expoſés à trouver des compagnies qui les engagent à faire des extravagances, ni des femmes de mauvaiſes mœurs, qui corrompent la pureté des leurs. Tout le tems de l'un & de l'autre ſexe eſt partagé entre les emplois & les récréations publiques ; cette attention jointe au ſoin qu'on a de les inſtruire de bonne heure, des principes fondamentaux de la morale du pays, prévient efficacement les déſordres qu'on voit la jeuneſſe par-tout ailleur commettre. De ces précautions ſages naît cette force du corps & de l'eſprit dans les hommes, & cette beauté modeſte qui eſt ſi charmante dans les femmes ; les uns & les autres poſſédent ces belles qualités au point de perfection, qu'on ſeroit tenté de croire que la nature n'a point dégénéré chez ce peupe heureux, mais qu'elle s'y eſt au contraire conſervée dans ſa premiere beauté.

La reſſemblance univerſelle des Mezzoraniens, qui eſt le fruit de la fidélité conjugale, & de l'attention qu'ils ont eue à ne point mêler un ſang ſi pur avec un ſang étranger, réunit en une même perſonue tous les traits de ſes Ancêtres, & donne aux Anciens la douce conſolation de ſe voir renaître dans leurs enfans. J'avoue cependant que cette reſſemblance ſeroit une imperfection, ſi la nature inépuiſable ne traçoit ſur chaque viſage des traits de beauté différens de ceux d'un autre qui pourtant lui reſſemble.

Dans tous les exercices publics, les filles ſont placées de maniere qu'elles peuvent voir & être vûes : rien ne donne plus d'émulation aux hommes. On leur permet dans ces occaſions une familiarité décente, les jeunes gens peuvent faire leur choix; les filles ont la même liberté : on ignore dans ce pays juſqu'au nom de dot & d'intérêt ; (*a*) il n'y a que le mérite personnel qui forme le contrat. L'argent & les bijoux ne sont point de l'essence du mariage.

(*a*) C'est à ce noble désintéressement qu'il faut attribuer l'union, le tendre amour, & la fidélité qui regne entre les maris & les femmes de cet heureux Pays. Il est bien juste qu'ils goûtent le charmnat plaisir de s'aimer d'un amour réciproque, puisqu'ils le préférent à tout autre bien. Que ce plaisir est chimérique chez nous ! Nous pensons comme on pensoit à Rome du tems d'Horace.

Uxorem cum dote... Regina pecunia donat.

Heureux favoris de Plutus, vous avez des femmes à choisir, vous avez des amis qui vantent en vous la bonne foi, qui vous donnent la naissance, de la beauté, des graces, de l'éloquence.... mais ménagez vos trésors, ils sont l'ame de votre célébrité.

Quels désordres ne cause point cet amour effrené des richesses dans nombre de familles ! On unit le vice avec la vertu, la sagesse & la prudence avec l'esprit de débauche & de profusion, l'aimable douceur avec la violence & la brutalité. Qu'importe ! pourvû que

Voilà, mes Révérends Peres, une idée générale du Gouvernement & de l'œconomie d'un penple dont les coutumes sont aussi différentes de celles des autres Nations, que leur pays en est éloigné, & qu'il est difficile d'y parvenir.

Inquisiteur. Vous me paroissez, Monsieur, avoir une haute idée de ce Gouvernement Patriarchal, parce qu'il est fondé sur la loi naturelle; mais répondez: Est-on moins obligé, suivant cette même loi, d'obéir à d'autres formes de Gouvernement?

Gaudence. Non, mes Révérends Peres, je ne le nie en aucune façon;

l'on réunisse le bien avec le bien. *Hinc derivata clades in patriam populumque fluxit.* Vous êtes bienfait, vous avez de la naissance, de l'esprit, & même des talens; vous aimez tendrement une personne qui vous aime de même.

je ne prétends pas même comparer les unes avec les autres, je ne ſuis ici qu'Hiſtorien. Il eſt certain que différentes formes de Gouvernement peuvent convenir à différentes Nations ; il ne l'eſt pa moins que dès qu'une certaine forme eſt légitimement établie dans un Pays, le devoir des ſujets eſt de s'y ſoumettre, pour éviter l'anarchie & la confuſion. Celui, par exemple, qui attenteroit à un Gouvernement Monarchique légitimement établi, enfreindroit toutes les loix de la juſtice & de l'équité, & par conſéquent celles de la nature, qui en ſont la baſe, & ainſi des autres.

Inquiſiteur. Pourſuivez.

Second Inquiſiteur. Permettez que je lui faſſe encore une queſtion. Il me ſemble, M. Gaudence, que vous faites votre Grand Pophar ; Prince & Prêtre en même tems, c'eſt-à-dire que vous le revêtez également du pouvoir temporel & du pouvoir ſpirituel ; penſeriez-vous que le pouvoir ſpirituel dût être ſujet au pouvoir temporel ?

Gaudence. Mes Révérends Peres, je parle d'une Nation Payenne ; ſuivant ſon Gouvernement le Grand Pophar peut être Prince du Peuple, & Grand Prêtre du Soleil. Je ne reconnois qu'un Chef de l'Egliſe Chrétienne, & je crois que l'ortodoxité d'nn tel ſentiment eſt à couvert de vos pieux ſoupçons.

Gaudence s'étend ici ſur le pouvoir du Souverain Pontife, ce n'eſt ſans doute que parce qu'il étoit entre les mains des Inquiſiteurs : l'Editeur croit que le Lecteur le diſpenſera avec plai-

ſir de rapporter les raiſonnemens qu'on peut faire ſur une matiere qui en eſt auſſi ſuſceptible. Il croit en dire aſſez à ſon Lecteur, en l'informant que Gaudence *paroît dans ſes réponſes imbu de la doctrine de* Bellarmin, *dont* Gerſon *a démontré évidemment le ridicule, & qu'il ne s'étoit point défait parmi les Mezzoraniens, dont il vante tant la ſimplicité, de cette duplicité innée aux Italiens, & qui eſt comme l'élément de leur ame, de leur cœur & de leur eſprit.*

Mais avant que de vous informer de la façon dont on éleve les femmes Mezzoraniennes, & des formalités qu'on obſerve dans les mariages, je ſuis obligé de vous faire le détail d'une fête qu'ils appellent la fête de *Santé*, ou de la *Plante*; le trouble où m'avoit jetté le dernier ordre que vous donnâtes, mes Révérends Peres, de resserer ma prison, m'avoit fait oublier de vous entretenir de cette cérémonie; il est d'autant plus important que vous en soyez instruit, qu'elle est de tous les points de leur culte celui qui me paroît le plus superstitieux.

Cette Plante qui est si fort en vénération chez ce peuple, est digne de votre curiosité, l'occasion se présentera de vous en faire la description dans la suite de mon histoire.

Après la Fête du Soleil, il n'en est point de plus pompeuse que celle-ci. Vingt-quatre jeunes Mezzoraniennes vêtues de blanc, & les cheveux entrelassés de diamants & de fleurs, portent chacune un flambeau composé d'une matiere bitumineuse & odiférante; autant de jeunes gens vêtus de la même couleur, portent aussi des flambeaux de la même composition : deux cens femmes, & autant d'hommes richement habillés, précédent ce cortége avec une palme à la main. Les cinq Anciens du Conseil vont après le *Pophar*, qui tient pendant toute la marche la main droite sur le vase où la Plante est renfermée ; tous les autres habitans, soit de la ville principale, soit des villes voisines & de la campagne, suivent cette espèce de procession, qui dure au moins quatre heures. A la tête de la marche sont les Hérauts d'armes, les trompettes & les timbaliers ; on chante des hymnes à l'honneur de la Plante en actions de graces des grandes guérisons que son suc a opérées.

On sort du Temple par la porte

qui eſt à l'Orient, & l'on rentre par celle qui eſt au Couchant.

On fait une ſtation à chacune des douze portes de ce ſuperbe édifice, & l'on chante en chœur, les inſtrumens répondent à chaque verſet : on forme la ſtation par une eſpéce de bénédiction que le Pophar donne en tournant la Plante vers le peuple qui eſt proſterné : on paſſe par toutes les grandes rues de la ville. Il faut l'avouer, je n'ai jamais vû acte de Religion fait avec autant de décence.

Après qu'on a fini la marche fixée par les ſtatuts de la Religion, & que l'on eſt rentré dans le Temple, le Pophar remet ſur l'Autel la Plante. Les vingt-quatre jeunes Mezzoraniennes, & les vingt-quatre jeunes Mezzoraniens, après avoir posé leurs flambeaux sur des candélabres d'or travaillés avec tout le goût imaginable, vont prendre des petits paniers extrêmement propres qui sont remplis d'encens, qu'ils jettent à tour de rôle dans des réchauds. Cette cérémonie se répete trois fois; le Pophar prend ensuite la Plante, & va, accompagné des cinq Anciens, dans une voûte souterraine pratiquée entre deux colonnes: là, après avoir exprimé quelques goutes du suc de cette Plante, il les verse dans un grand cuvier d'or plein d'eau; il revient ensuite à l'Autel, donne encore une bénédiction générale, & dit au peuple: Enfans du Soleil, heureux Mezzoraniens, il vous est permis d'aller chercher votre santé dans sa source! N'oubliez jamais les bienfaits que verſe continuellement ſur vous cet Aſtre lumineux ; c'eſt lui qui vous a fait naître, c'eſt lui qui vous conſerve ; que tous les momens de votre vie ſoient autant d'actions de graces que vous lui rendrez. Cette exhortation finie, chacun va par ordre & ſans tumulte dans le ſouterrain puiſer de cette eau, qu'ils appellent l'*Eau ſalutaire*.

Les Mezzoraniens ne ſe bornent point à donner à cette Plante la vertu de conſerver leur ſanté ; ils croyent encore qu'elle les garantit des ames animales, parce que, diſent-ils, cette Plante eſt trop pure pour ſouffrir quelque choſe d'impur.

Je voulus faire ſentir au Pophar le ridicule d'une telle croyance. Mon fils, me répondit-il, ne vous mocquez jamais de ce que vous ne connoissez pas. Si nous n'avions point éprouvé l'efficacité que vous prétendez tourner en ridicule, croyez-vous que depuis trois mille ans nous n'eussions pas eu assez de bon sens pour en connoître l'abus, & conséquemment pour le réformer. Prenez garde, mon cher fils, vous êtes la dupe de l'amour propre, je crains bien que l'ame de quelque paon ne triomphe de votre ame raisonnable. Quoi à votre âge, vous vous croyez capable d'affoiblir une tradition confirmée par tout ce que nous avons eu de personnages les plus respectables depuis tant de siécles? Mon cher Gaudence, vous tenez encore aux maximes dont on empoisonne les jeunes gens dans votre pays: prenez garde d'être semblable à ceux qui après avoir méprisé, & tourné en ridicule pendant toute leur vie des uſages ſimples & pieux, ne ſont que trop heureux d'y recourir, mais peut-être trop tard, ſur la fin de leurs jours; ne feriez-vous pas de ces gens qui penſent qu'il n'y a point de ſageſſe hors de leurs pays, & qu'ils ſont ſeuls dépoſitaires de celle que l'*El* & le Soleil ont répandue dans la nature pour ſa conſervation? Cependant je ſuis content de vous; vous vous êtes comporté avec décence, & cette conduite me fait bien augurer de vous. Mais, croyez-moi, mon fils, ne critiquez jamais des uſages conſacrés, quand même il ſeroit vrai qu'ils ſont abuſifs.

Pourquoi refuſer à une Plante, qui ne vous eſt pas connue, une propriété que vous accordez peut-être à tant d'autres que je ne connois

Qu'une chose matérielle, lui répondis-je, agisse heureusement ou malheureusement sur la même substance, je n'y trouve rien qui révolte la saine raison; mais que le suc d'une Plante influe favorablement ou défavorablement sur une substance spirituelle, c'est ce que je ne conçois pas, ni ne concevrai jamais, parce que j'en sens toute l'impossibilité. Pardon, mon Pere, si je parle librement.

Mon fils, me répondit-il, croyez-vous qu'une chose n'est pas, parce que vous ne la concevez point ? L'incompréhensibilité est-elle une raison convaincante ? Devroit-elle sortir de votre bouche, mon cher Gaudence ?

J'apperçus quelque aigreur dans ce ton affectueux; il falloit ne pas le heurter de front, si je voulois parvenir à lui faire goûter des vérités que je devois lui annoncer. Je pris le parti du silence ; après lui avoir dit cependant, que le tems de la véritable lumiere viendroit, & que lorsque les yeux de son ame seroient désillés, je me flattois qu'il gémiroit de l'aveuglement & des ténébres où étoit plongé le peuple le plus aimable & le plus fait à tous égards pour être véritablement vertueux....

Nous ne le sommes donc pas, me dit-il, d'un ton ironique ? Si vous l'êtes, lui dis-je, que je vous plains ! car vous l'êtes infructueusement, & la véritable vertu n'est jamais infructueuse. Heureusement cet entretien fut interrompu par son épouse qui vint lui communiquer quelque chose d'important.

Le premier Editeur n'avoit point

voulu ſans doute ſe donner la peine de raſſembler toutes les parties de cet entretien. Il faut convenir qu'avec un peu moins de patience, nous n'en ſerions jamais venus à bout, tant le cahier étoit uſé dans certains endroits & déchiré dans d'autres. Cependant nous ſommes payés de notre peine, ſi le Lecteur l'approuve.

Le Secrétaire. Comme Gaudence alloit continuer, le ſecond Inquiſiteur demanda permiſſion au premier de faire une queſtion qui étoit importante. Il la fit en ces termes :

Second Inquiſiteur. Vous nous avez dit, Monſieur Gaudence, qu'après que le Pophar avoit exprimé le ſuc de la Plante du Soleil dans l'eau, dont étoit rempli le cuvier d'or, chacun des aſſiſtans en alloit prendre ; mais vous ne nous avez pas dit quel usage les Mezzoraniens faisoient de cette eau, ni comment ils s'en servoient.

Gaudence. Pardonnez, mes Révérends Peres, un oubli involontaire. C'est avec raison que vous m'interrogez sur ce point ; il n'est pas moins important que les autres : chacun des assistans va donc prendre sa provision de cette eau, qui doit durer depuis une fête jusqu'à l'autre, c'est-à-dire, un an. Les Mezzoraniens la portent chez eux, & en mettent tous les soirs avant que de se coucher au milieu du front, au nés, sur la bouche, sur les paupieres, & dans les oreilles. Ils prétendent par cet usage qu'ils appellent pieux, fermer l'entrée aux ames animales, qui pourroient les surpendre pendant le ſommeil. Si quelqu'un d'entr'eux étoit accuſé avec raiſon d'avoir manqué à cette cérémonie, qu'ils nomment *Gali-an-gingor*, qui ſignifie à-peu-près Purification des cinq ſens, il ſeroit réprimandé par le premier des Anciens qui en ſeroit informé.

Cet article que vous m'avez rappellé, mes Révérends Peres, me fait reſſouvenir d'un autre qui ne vous intéreſſera pas moins. Les Mezzoraniens paroiſſent avoir chez eux une eſpéce de confeſſion qu'ils font en préſence de tout le peuple. Les jours qu'on s'aſſemble ſolemnellement dans le Temple pour quelque grande fête, ceux qui ſe confeſſent diſent à haute voix, en s'adreſſant au Pophar & aux aſſiſtans : Mon Pere, & vous mes freres, il y a trois mois que je combats contre une ame animale, je ne puis point la vaincre; enseignez-moi par quel moyen je pourrai triompher d'elle; je prierai le Soleil d'éclairer de plus en plus vos ames, afin qu'elles ne s'égarent jamais de la vertu, & qu'elles n'entrent point dans la voye où les ames ennemies veulent les conduire. Le Pophar interroge alors le pénitent, & lui demande de quelle nature est l'ame qui déclare la guerre à l'ame raisonnable. Après qu'il a satisfait par sa réponse, le Pophar l'embrasse tendrement; & s'adressant à l'assemblée: Mes enfans, leur dit-il, mes chers enfans, que vos prieres donnent à votre frere le courage & la fermeté nécessaires pour abattre son ennemi. Mon fils, continue-t'il, l'aveu que vous

vous faites, eſt un commencement de victoire: allez, vous êtes ſecouru des tendres prieres de vos freres, vous vaincrez infailliblement; ne vous rebutez pas; on prie pour lui; l'on chante des hymnes, & l'on continue les cérémonies ordinaires. Je dois dire cependant que cette ſorte de confeſſion eſt extrêmement rare, ou qu'il y a (ce que aſſurément je ne crois point) bien peu d'ames animales dont les attaques ſoient vives, ou (ce que je crois encore moins) que le ſuc de la Plante a une vertu bien efficace; car enfin, les Mezzoraniens ne ſont point des Anges, & puiſqu'ils ſont hommes, ils ſont faillibles; cependant je n'ai vû que deux fois cette eſpéce de confeſſion.

L'Inquiſiteur. Mais n'avez-vous

pas quelquefois, pour leur complaire, fait usage du suc de cette Plante de la même façon que les Mezzoraniens ?

Gaudence. Vous verrez, mes Révérends Peres, que je ne m'en suis servi qu'une seule fois dans ma vie, mais comme d'une Plante dans laquelle Dieu pouvoit avoir mis une propriété, ainsi que dans toutes les plantes dont on sert dans la Médecine ; d'ailleurs, libre comme je vous ai déja dit que je l'étois, aurois-je pû oublier à ce point ma Religion, que de la mêler avec une cérémonie superstitieuse ? Me préserve le Ciel d'une telle infidélité !

L'Inquisiteur. Continuez.

Gaudence. Je me rappelle, mes Révérends Peres, que j'en étois à la maniere dont on éleve les femmes

Mezzoraniennes, & que je devois vous parler auſſi de leur Mariage.

Le Pophar me diſoit, que le femmes étoient préciſément ce qui embarraſſoit le plus l'Etat ; que leurs archives rapportoient, qu'il s'étoit tenu anciennement pluſieurs aſſemblées d'hommes les plus éclairés de la nation, pour délibérer ſur la façon dont il convenoit de les traiter, & pour remédier aux inconvéniens qui naiſſent de la liberté que les uns leur accordent, & de la dépendance dans laquelle les autres les retiennent. Laiſſez-les libres, me dit-il, votre honneur dépend de leur conduite, ſouvent même de leur caprice ; tenez-les renfermées, (*a*)

(*a*) Ce que le Pophar penſe du ſexe de ſon pays, juſtifie ce que Moliere dit des femmes.

elles ne manqueront pas de se vanger à la premiere occasion. Toutes vos précautions deviendront inutiles. Les femmes ne veulent point être gouvernées par les mêmes regles que les hommes ; ceux-ci se prêtent tôt ou tard à la raison ; il n'y a qu'à la leur présenter , ils se rendent à ses charmes : mais les femmes ne suivent que leur humeur & leur caprice.

Cependant le sexe n'est assurément point indifférent dans un gouvernement ; il est donc très-essentiel de le bien gouverner. Une jeunesse débauchée est le plus grands des maux dans un Etat ; rien ne porte plus au libertinage , que des femmes abandonnées à leurs passions (*a*).

(*a*) Sauf le respect que je dois à M. le

Toutes nos femmes, continua le Pophar, ſont, comme vous voyez, extrêmement belles : nos hommes ſont robuſtes & vigoureux ; il faut donc les reſſerrer par les liens les plus forts, pour les retenir dans le devoir. Quant à nos jeunes gens,

Régent de Mezzoranie, je me fais gloire de n'être point de ſon avis. Je connois beaucoup d'aimables femmes, qui ſont encore plus charmante par la douceur & l'égalité de leur caractere que par leur beauté.

En vérité il ſeroit bien injuſte d'imputer ce défaut à toutes les femmes, parce qu'il y en a qui ſont pleines d'humeurs & de caprices, ou, pour m'exprimer dans le beau langage, on en trouve de *Mauſſades*. On voit que notre Auteur ſe plaît un peu à draper les femmes : au reſte qu'on en penſe ce qu'on voudra, il n'eſt pas moins vrai qu'elles ſont aux hommes ce que les Miniſtres adroits & puiſſans ſont aux Rois, auſquels ils laiſſent le faſte & l'éclat du diadéme, pour leur faire adopter toutes leurs volontés, & les faire paſſer en loi.

nous avons soin de les occuper continuellement, & de les exciter à la gloire par tous les attraits capables de toucher des ames bien nées. Nous tenons la même conduite à l'égard des jeunes filles : nous nous plions à leur génie autant qu'il est possible ; mais surtout nous n'épargnons rien pour engager l'un & l'autre sexe à prendre le parti du Mariage, comme l'état le plus heureux dont on puisse jouir dans cette vie. Pour le rendre tel, nous croyons qu'il est plus essentiel de consulter le goût & le penchant de la femme, que celui de l'homme, parce que si le mari qu'on lui donne ne lui plaisoit pas, le dégoût, le dépit, la vengeance, & peut-être même une passion plus honteuse lui inspireroient le desir de se venger aux dépens même de ſon honneur ; partout où les femmes ceſſent d'être vertueuſes, on trouve des homme prêts à devenir criminels. L'eſprit des femmes eſt d'autant plus dangereux, qu'il eſt inſinuant ; elles fourniſſent des occaſions aux hommes. Ceux-ci, par un penchant irréſiſtible entrent dans leur vûes criminelles. Il eſt donc permis à la femme de choiſir un époux, de même qu'à l'homme de faire choix d'une épouſe ; mais la femme doit montrer au public par une marque ſincere la préférence qu'elle donne à celui qui a trouvé la route de ſon cœur ; une fleur qu'elle porte eſt le ſigne certain de l'ardent amour qui la détermine en faveur de l'objet dont elle eſt aimée.

Les épreuves par leſquelles il faut

paſſer, ne peuvent qu'augmenter la tendreſſe de la femme pour ſon mari ; d'un autre côté la difficulté de trouver une épouſe infidelle, ne laiſſe point entrevoir à l'homme la moindre lueur d'eſpérance de ſatisfaire ſes deſirs déréglés.

Quant aux filles, elles ſont engagées dans un âge ſi jeune avec leurs amans, ou elles ſont tellement prévenues de l'idée qu'un homme marié ne ſçauroit être à elles, que ni les diſcours les plus touchans de ſa part, ni les marques de l'amour le plus paſſionné ne ſçauroient corrompre la pureté de leurs ſentimens, encore moins les ſéduire.

A l'égard de l'intérêt, il eſt entiérement exclu de nos mariages, l'amour réciproque peut ſeul les former ; c'eſt aux parens à éprouver la constance de l'amant & de l'amante ; dès qu'ils s'en sont assurés il n'y a plus d'obstacle : nous avons préféré cette méthode parce qu'elle nous a paru la plus propre à conserver la fidélité conjugale, ce principe seul & infaillible de la paix & du bonheur des familles.

Lorsque nous commençames, continua-t'il, à devenir nombreux & à vivre dans l'abondance, la liberté qu'avoient les jeunes gens de l'un & de l'autre sexe de se voir & de se parler sans témoins, fit bientôt perdre de vûe les sages loix de nos pieux Ancêtres. Leurs Gouverneurs qui dans le commencement les avoient négligés, ne pouvoient plus les contenir ; des vices inconnus jusqu'alors se glisserent dans le cœur de la jeunesse ; nos hommes devinrent mous & efféminés, & nos femmes voluptueuſes ; les uns & les autres prodiguerent ſi honteuſement les dons précieux de la nature par leſquels elle ſe perpétue, que le vice nous fit bientôt ſentir l'horreur de ſes ravages : nous perdîmes une quantité prodigieuſe de jeunes gens, ſans pouvoir ſoupçonner la cauſe de ce malheur ; les femmes mariées briſerent les liens ſacrés du mariage, & les hommes commencerent à chercher des plaiſirs légitimes dans des bras criminels.

Je lui demandai pourquoi ils n'avoient pas d'abord attaqué la cauſe de ſi grands maux pour en arrêter les progrès.

Il n'étoit pas facile, me répondit-il : comme les Gouverneurs ne veilloient point ſur les actions des jeunes gens, & comme ils les laiſſoient libres dans les plaiſirs, les ames animales qui rodoient ſans ceſſe autour de ces jeunes gens ſans expérience, trouverent bientôt le moyen de ſe gliſſer dans leur cœur; elles ne firent au commencement ſentir leur tyrannie que par des ridicules que l'on regardoit comme des qualités; elles établirent leur empire en inſpirant du mépris pour notre ſimplicité primitive; elles répandirent dans les cœurs dont elles s'étoient emparées du dégoût pour les plaiſirs innocens que nos Ancêtres ſe permettoient. Les jeunes gens dont le maintien & la marche indiquoient auparavant un tempérament ferme & robuſte, un air mâle & raiſonnable, ne reſſembloient plus qu'à des poupées. Tout ce qui étoit naturel, étoit ridicule :

penſer comme nos Ancêtres, c'étoit radoter, & l'on taxoit de reſpect ſuperſtitieux la vénération que certaines perſonnes ſages & prudentes avoient pour les uſages des Anciens. L'eſprit de nouveauté avoit pris le deſſus, rien n'étoit eſtimable s'il n'étoit nouveau; la conſtance étoit la vertu des ſots, & des cœurs étroits qu'un ſeul objet pouvoit remplir. La Religion même n'étoit qu'un jeu que la politique avoit cependant rendu ſérieux pour ſes propres intérêts; la piété n'étoit tout au plus que l'amuſement des eſprits dont la ſphere étoit ſi étroite, qu'ils ne voyoient rien que par les yeux d'un Pophar, ou d'un Régent, qui ſçavoit rapporter à ſes intérêts leur aveugle confiance.

A ces innovations en ſuccéderent d'autres, qui commençoient à gagner la tête du Gouvernement ; l'uniformité des habillemens devint d'abord fade, ensuite ridicule, & bientôt après odieuse ; & le cœur variant, ainsi que l'esprit, on vit bientôt succéder à l'inconstance des habits l'infidélité des femmes : celles-ci devenues sçavantes, rougissoient de leur précédente ignorance, & faisoient un usage criminel des connoissances qu'elles avoient acquises, soit en se plaignant de l'injustice des hommes qui les avoient entretenues dans l'ignorance, soit en défaisant les nœuds sacrés des femmes simples & ingénues, qui n'osoient encore y porter leurs innocentes mains ; soit enfin en prouvant aux autres qu'elles devoient secouer le joug que les hommes leur avoit imposé. Un des Pophars même accréditoit par l'exemple ce systême aussi dangereux que nouveau ; il porta si loin le mépris des loix, qu'en protégeant ces innovations qui plaisent ordinairement à la jeunesse, il avoit fait de la plûpart des jeunes gens autant de défenseurs de la tyrannie qu'il vouloit établir sur un peuple qui n'avoit jamais cessé d'être libre ; mais heureusement le Soleil le punit de mort avant qu'il exécutât le perfide dessein qu'il avoit formé de soumettre la Mezzoranie à ses criminelles loix.

Le vice ainsi protégé, fit des progrès considérables ; l'impudence des filles encouragea l'inconstance des époux, de l'inconstance de ceux-ci sortirent les honteuses infidélités, les horribles adulteres ; le danger étoit encore plus pressant que les sages du pays ne se l'imaginoient. Comme le Soleil, ministre fidéle de l'*El*, voit jusqu'aux actions les plus cachées, ou pour les récompenser, ou pour les punir, il ne laissa pas long-tems dans l'impunition les crimes qui avoient inondé la Mezzoranie : une maladie d'autant plus dangereuse qu'elle nous étoit inconnue, infecta le sang de toute la jeunesse, si vous en exceptez quelques jeunes gens, qui vertueux, peut-être plus par tempérament, que par tout autre motif, écoutoient encore les pieux conseils des sages de la Nation. Le suc de la Plante dont l'efficacité est universelle, sembloit ne pas vouloir se mêler à un sang corrompu par le crime ; en vain nous en faisions prendre à nos pestiférés, il ne ſéjournoit point dans leur eſtomac, il en ſortoit ſans avoir produit aucun effet ; nous voyions avec douleur la vigueur de notre jeuneſſe s'éteindre inſenſiblement ; leurs corps, rongés intérieurement par un acide contagieux, ſe deſſéchoient, & ne ſembloient plus dans les rues que des ſquelettes animés encore d'un ſoufle de vie. La Mezzoranie touchoit à ſon dernier inſtant, ſi les Anciens s'armant enfin d'une fermeté, dont ils n'avoient point eu encore beſoin de connoître l'uſage, ne s'étoient aſſemblés pour oppoſer une digue à la violence d'un torrent ſi dangéreux.

Des raiſons auſſi affligeantes avoient preſque déterminé nos Ancêtres à interdire aux femmes la vûe de tout homme juſqu'à ce qu'elles fuſſent

fussent mariées, & alors les remettre à leurs maris, dont l'autorité auroit été aussi despotique qu'on dit l'être dans certains pays : on regarda cette voye comme assurée pour constater la légitimité des enfans, & pour remédier à la jalousie, source de tant de maux. D'autres s'opposerent à cette sévérité : il ne convenoit point, disoient-ils, de rendre esclave la plus belle partie de la création, ni de flétrir par une conduite si injuste la gloire d'un peuple né libre ; ils ajoutoient, qu'une telle autorité priveroit le mari du plaisir de sentir qu'il est aimé de son épouse d'un amour de prédilection, & qu'on lui ôteroit le sentiment le plus flateur du mariage ; qu'au reste ce seroit punir les femmes d'être belles, si on les chargeoit entiérement d'une faute que les hommes partagent, & que leurs recherches séduisantes font très-souvent commettre.

Ceux qui avoient opiné pour la clôture, répondirent qu'elles s'étoient rendues indignes de cette liberté par le mauvais usage qu'elles en avoient fait. Enfin après plusieurs discussions on jugea que l'abus de l'état du mariage, & la corruption de la jeunesse qui en étoit la cause, étoient un point assez intéressant pour que l'on cherchât à y remédier d'une maniere efficace. Tous les Gouverneurs & les hommes les plus éclairés délibérerent donc, & résolurent unanimement de mettre en exécution les loix les plus séveres contre l'adultere & le concubinage : cet arrêt fut publié sur le champ ; on enferma toutes les personnes qui avoient corrompu la jeunesse ; on s'assura des jeunes gens qui s'étoient attachés au Pophar mort, pour favoriser la révolution ; on décida que quelques personnes graves & de mœurs à toute épreuve, se trouveroient dans les assemblées tant des garçons que des filles : on maria au plûtôt tous ceux qui étoient en état de l'être ; mais le tempérament des jeunes gens étoit si usé, que les familles ne purent se multiplier que fort lentement.

Ce cahier est un des cahiers retrouvés dont le premier Editeur s'informe avec beaucoup d'empressement dans la Lettre qui est dans l'Avertissement. Il paroissoit le regreter beaucoup, c'est au Public à juger si c'étoit avec raison.

Les Mezzoraniens penſent bien autrement que toutes les autres nations, qui mettent tout en uſage pour régler les ſentimens de tendreſſe des jeunes gens, de peur qu'ils ne faſſent des mariages mal aſſortis; ce peuple au contraire ſe fait une loi inviolable de rejetter les vûes intéreſſées, & de regarder l'intérêt comme deshonnorant, ſur-tout dans le mariage qui doit n'être fondé que ſur le rapport d'humeur, de caractere & de vertu. Il ſe fait un devoir d'encourager un amour généreux, & de le récompenſer dès que l'âge & le caractere des enfans permettent de juger ſainement de leurs inclinations; on les éprouve, tantôt en applaudiſſant à leur choix, tantôt en leur ſuſcitant mille difficultés.

Ils rapportent des exemples d'une

fidélité & d'une persévérance héroïque dans l'un & l'autre sexe, mais sur-tout dans les jeunes filles : on ne cesse de leur prêcher qu'il vaut mieux perdre la vie que manquer à la foi promise (*a*).

Par ces principes puisés dans le sein même de la nature, ils sont parvenus à faire de leur Nation un peuple d'amans aussi tendres que fidéles ; d'une éducation aussi pure naît cette horreur invincible pour l'infidélité qu'ils regardent après le meurtre comme le crime le plus affreux.

L'égalité est la base de leur Gouvernement ; elle peut l'être aussi de

(*a*) On auroit beau prêcher cette morale en Europe pour fixer les femmes, l'usage a prévalu, elle ne feroit point fortune.

cette fidélité réciproque, puiſqu'il n'y a que le mérite perſonnel & la tendreſſe mutuelle qui puiſſent déterminer leur choix : il faut des preuves ſignalées que la femme préfere à tout autre homme celui qu'elle épouſe ; l'homme de ſon côté eſt ſoumis à la même loi, lorſque ces preuves ſont faites & approuvées par les Gouverneurs & les Anciens, ſi la femme perſiſte dans la réſolution, l'homme qu'elle demande doit être ſon mari. Ils ſe donnent la main en préſence du public, enſuite ils s'embraſſent tendrement, & reſtent dans cette attitude, tandis que le plus Ancien du lieu leur met autour du corps un cercle d'acier, pour leur ſignifier que leur union eſt indiſſoluble ; ce cercle eſt orné de fleurs, on le met d'abord au tour du cou, enſuite autour de la ceinture, enfin auprès du cœur, pour marquer que leur ardent amour ſe changera en parfaite amitié. Pendant cette cérémonie l'air retentit des acclamations de toute l'aſſemblée, & des ſouhaits que chacun fait pour le bonheur des nouveaux époux. Je ne crois pas qu'on puiſſe trouver dans le monde entier une fidélité conjugale ſemblable à celle des Mezzoraniennes. Les veufs n'épouſent jamais des filles, ni les veuves de garçons; on les voit rarement ſe remarier, à moins qu'ils ne ſoient fort jeunes. Il faut lorſqu'ils paſſent à des ſecondes noces qu'ils faſſent les mêmes épreuves, & qu'ils recommencent ſur nouveaux frais. Si on leur permet un ſecond mariage, ce n'eſt que pour prévenir les déſordres, car la tendreſſe eſt chez eux un ſentiment ſi délicat ; qu'ils regardent un homme, qui du lit de deuil paſſe au lit nuptial, comme infidéle à la mémoire de ſa premiere épouſe, auſſi la cérémonie en eſt-elle moins brillante. Par ces ſages préautions on évite une infinité de malheurs qui ont leur ſource, non-ſeulement dans les mariages mal-aſſortis, & dans les alliances forcées, mais auſſi dans les vils projets de ceux qui ne ſe donnent que par intérêt, ou qui vivent d'intrigue & aux dépens des autres, juſqu'à ce qu'ils trouvent à faire un mariage avantageux.

Voilà, mes Révérends Peres, une idée générale du Gouvernement & des coutumes des Mezzoraniens ; la ſuite de ma vie vous fera connoître pluſieurs autres uſages, à la vérité d'une moindre conséquence : permettez que je remette à un autre tems à vous en faire le récit, & que je n'oublie point aujourd'hui l'ordre que vous m'avez donné de vous rendre compte de ce qui me me regarde personnellement.

Le Pophar Régent m'avoit choisi pour être à sa suite avec deux de mes plus jeunes compagnons de voyage. Il avoit encore, en qualité de Régent, plusieurs autres Officiers nommés par le peuple, pour recevoir & porter ses ordres. On les changeoit tous les cinq ans, de même que ceux des Gouverneurs des autres Nomes, afin qu'un chacun pût jouir à son tour du même honneur : c'est pourquoi ils changeoient d'emploi tour à tour, & se servoient de même les uns les autres selon l'ordre des Gouverneurs, si vous en exceptez ceux qui avoient embrassé l'étude des Arts & des Sciences, ce qui contribue beaucoup à la magnificence de leurs cérémonies publiques : il ne se fait, pour ainsi dire, aucune fête, pas même celles que les Tribus particulieres se donnent réciproquement, qu'il n'y ait des Officiers nommés pour les ordonner. On a soin aussi qu'il s'y trouve des Inspecteurs qui ayent l'œil à ce qui se passe ; toutes les dépenses se prennent dans le trésor public.

Leurs maisons se communiquent les unes aux autres par une gallerie qui regne le long du bâtiment. Le premier appartement de chaque coin de rue appartient aux hommes, l'appartement suivant est pour leurs femmes, leurs filles, leurs sœurs, &c. à celui-ci ſuccéde l'appartement des femmes de la famille voiſine, enſuite celui des hommes de la même famille, & ainſi des autres juſqu'au bout de la rue : il y a dans tous ces édifices de diſtance en diſtance de grandes ſalles publiques, où ſe tiennent les Aſſemblées. Leurs uſages ſont autant de paradoxes pour nous ; c'eſt le peuple le plus libre, en même tems le plus aſſujetti aux régles, qu'il y ait au monde. Toute la Nation, comme j'ai déja dit, ſemble n'être qu'une même Communauté gouvernée par les mêmes Loix.

Les femmes ſont continuellement occupées auſſi-bien que les hommes : elles font les habits que l'on porte dans le pays ; & comme ils ſont tous à-peu-près ſemblables, aux devises, fleurs, ou autres ornemens près, qu'elles y mettent pour leurs amis ou pour leurs amans, elles ont moins de peine à les faire. La plus grande différence est dans la façon de les porter. Mais ce qui distingue principalement les deux sexes, ce sont les ornemens & la façon d'ajuster les cheveux. Les femmes portent des diadêmes & des bandeaux sur le front dans le goût de ceux du petit portrait que vous avez vû dans mon cabinet. Toutes les tapisseries, les broderies, & une infinité d'autres curiosités qu'on voit dans ce pays, sont l'ouvrage des femmes, de sorte que les mieux élevées sont celles qui sont les plus habiles. Depuis mon arrivée en Mezzoranie, on a ajouté à leurs autres occupations, suivant le desir du Pophar, l'Art de la Peinture, dans lequel je ne doute pas que ce peuple, naturellement vif, & d'une heureuſe imagination, ne ſurpaſſe dans la ſuite les autres Nations. J'ai crû devoir enrichir cet aimable peuple d'un art qui ne peut qu'étendre ſon génie, & accroître ſa gloire : la jeuneſſe naturellement polie, & toujours miſe avec décence, ignore l'art mépriſable d'employer une partie du tems à la toilette, autel élevé à l'oiſiveté, l'autre au cérémonial ridicule de viſites frivoles, où les gens ſe voyent, non pour s'exciter mutuellemement à la vertu, mais pour la déchirer par la calomnie ou la tourner en ridicule par des faceties inſoutenables.

Quand je leur ai parlé de la façon de vivre de nos gens de qualité, ils ſe ſont écriés, quelle eſpéce d'hommes ! Y a-t'il rien au monde qui puiſſe orner la beauté comme les connoiſſances & les lumieres de l'eſprit ?

Les jeunes femmes de ce pays m'ont ſouvent demandé quel étoit le genre de vie de nos Dames Européennes : ſi elles aimoient le travail ? à quoi elles s'occupoient dans la journée ? comment elles vivoient avec leurs maris ? en un mot, quelles étoient leurs inclinations & leurs mœurs ? Je leur répondois qu'elles ne menoient pas une vie à beaucoup près, auſſi douce & auſſi tranquille que celle des Mezzoraniennes ; qu'occupées la moitié du jour à répéter devant une glace toutes les mines & les airs propres à ſéduire les hommes, elles empruntoient de l'art des couleurs, qu'elles appliquoient ſur leur viſage pour les mieux tromper ; que leur phiſionomie étoit un composé de noir, de rouge, de bleu & de blanc; qu'elles deſtinoient l'autre partie de la journée aux Jeux, aux Spectacles, aux Bals, où leurs yeux perfides formoient des attaques contre les hommes, qui s'y raſſembloient ; que là, ſous ce maſque trompeur, tous les âges étoient confondus ; que la vieille, dont les rides étoient plâtrées avec art, avoit l'injuſte ſatisfaction d'étendre ſes droits ſur les cœurs avec autant de puiſſance qu'une jeune beauté ; qu'enfin pour terminer le jour auſſi utilement qu'elles l'avoient commencé, elles ſe retiroient accablées de laſſitude, & jouiſſoient pendant la nuit des fruits honteux du travail de la journée ; que leurs maris livrés aux plaiſirs comme elles, & auſſi peu délicats, ſe repoſoient de leur fidélité ſur leur modeſtie & leur ſageſſe.

Mais qu'eſt-ce que ce Bal où vous dites que vos femmes ſe raſſemblent, me diſoient-elles, il doit donc être bien amuſant? Bien fatiguant au contraire, leur répondois-je, le Bal eſt un lieu où l'on s'excéde de danſer pendant toute la nuit; où l'on ſe parle ſans ſe connoître; où une liberté indécente autoriſe des entretiens équivoques; où l'un & l'autre ſexe rougiſſant de ſes extravagances, ſe déguiſe pour n'être point reconnu; où l'humanité même cachée ſous les figures de divers animaux, perd ſes plus beaux droits; & où l'égalité qui fait ici votre bonheur, ne ſert qu'à faire oublier qu'on eſt homme.

Mais,

Mais, diſoient-elles, la vertu ne ſçauroit donc amuſer les Européens ? Non, leur répliquois-je, elle eſt chez eux une véritable occupation, & il n'eſt pas de peuple moins occupé.

O que vous êtes heureux, ajoutoient-elles, que votre captivité vous ait mis à portée de connoître une autre eſpéce de femmes, qui met les beautés de l'eſprit & les qualités du cœur infiniment au-deſſus de celles du corps ! Vous êtes, ſans doute, redevable du mérite & des talens que nous admirons en vous, au bonheur d'être né d'une Mezzoranienne. Allez, continuoient-elles, il faut bien que votre pere ait auſſi été formé de notre ſang, vous êtes Mezzoranien ſans le ſçavoir. Après leur avoir marqué combien j'étois flaté de leurs éloges, je leur parlai ainsi. Je serois bien glorieux d'être né d'un peuple aussi sage que vous l'êtes ; mais pensez que vos vertus viennent moins de vous, que de vos premiers Législateurs. Nous descendons tous originairement d'un même pere, dont nous tenons les mêmes dispositions au mal ; personne n'a donc droit de se glorifier de sa naissance. Notre cœur est au fond le même, quoiqu'il soit diversement affecté ; tous les peuples penseroient à-peu-près de la même façon; leur caractère, leur goût, leurs mœurs seroient presque semblables, s'ils se fussent fixés aux loix primitives, émanées de l'Etre tout-puissant que vous appellez l'*El*, & s'ils se fussent moins livrés aux changemens qui flattoient leurs passions.

Mais, pour revenir à ce qui me regarde, le Pophar, comme mon plus proche parent, m'incorpora dans sa famille, & me fit son compagnon & son ami. Je le suivois par-tout, même dans les Assemblées publiques, où il me donnoit les marques les plus distinguées de sa bienveillance. Il s'entretenoit souvent avec moi, & prenoit plaisir à m'instruire des coutumes, des usages & de la politique du Gouvernement Mezzoranien. Il s'informoit des Gouvernemens des Etats de l'Europe, & de leurs différentes Religions. Il n'a jamais été question de m'en faire changer pour embrasser la leur; j'avois assez de bon sens pour ne point entamer cette matiere. J'ai cru même m'appercevoir qu'il avoit une plus haute idée de notre Religion que de la sienne, quoiqu'il fût extrêmement exact & scrupuleux à en remplir les devoirs. Il disoit souvent qu'il étoit impossible qu'une République pût se soutenir, quand les hommes ne vivoient pas selon les Loix ; que ces Loix devoient être simples & en petit nombre; mais qu'il falloit qu'elles fussent observées dans la derniere exactitude, parce que, continuoit-il, si les hommes viennent à enfreindre les Loix fondamentales, toutes celles qu'on peut établir dans la suite, n'auront jamais la moitié de la force des Loix primitives. Il accompagnoit ce raisonnement de beaucoup d'autres réflexions, qui me prouverent qu'il étoit homme d'une sagesse consommée, & digne du haut rang qu'il occupoit.

De quatre enfans il ne lui restoit

que deux filles, dont la plus âgée avoit dix ans, lorſque j'arrivai en Mezzoranie; c'eſt ſon portrait que vous avez vû, mes Révérends Peres; l'autre nâquit l'année avant le voyage du Pophar au Grand Caire. Sa femme, beaucoup plus jeune que lui, avoit encore des reſtes d'une grande beauté. Elle n'avoit pas moins de bonté pour moi que le Pophar, je répondois aux careſſes dont ils me combloient l'un & l'autre, par toutes les marques de reconnoiſſance & d'attention dont j'étois capable.

Les Gouverneurs du pays par leur vigilance & leur activité, faiſoient fleurir les Loix, & les maintenoient dans toute leur vigueur; les habitans ſe portoient naturellement à les obſerver avec tant de ſcrupule, qu'ils sembloient s'y conformer plus par inclination que par crainte : ils disoient que si les hommes n'étoient retenus que par l'appréhension des peines, ils agiroient alors plutôt en esclaves qu'en hommes libres, tant il est vrai que les lumieres de la nature, fortifiées par de bons principes, & cultivées par une saine éducation, ont de la force & de l'empire sur les cœurs.

Quant à moi, on me laissa la liberté de m'occuper de ce qui flattoit le plus mon inclination. La Philosophie avant mon esclavage avoit été le principal objet de mes études, la Musique & la Peinture celui de mes récréations ; mais me trouvant alors chez une Nation de Philosophes, la premiere de ces sciences, la plus noble, la plus élevée, & la plus digne de l'homme, m'occupa tout entier, à l'exception de quelques momens que je consacrois aux deux autres, & sur-tout à la Peinture, pour faire plaisir au Pophar Régent. Ils avoient plusieurs anciens instrumens de musique & un nombre infini de Musiciens pour les fêtes & les réjouissances publiques ; mais leur musique instrumentale & vocale me paroissoit très-inférieure à la nôtre. Je voulus y remédier, le Pophar me fit sentir que ce soin deviendroit préjudiciable à la Nation, parce qu'il s'étoit apperçu, disoit-il, que leur musique, quoiqu'imparfaite, n'étoit encore que trop dangereuse par les passions qu'elle faisoit naître dans des cœurs aussi naturellement portés à la tendresse ; qu'elle étoit assez mélodieuse pour les égayer, &

les faire ſortir de la mélancolie, qui leur étoit naturelle.

Ils s'attachent principalement aux parties les plus utiles de la Philoſophie, c'eſt-à-dire aux parties des Mathématiques qui ont le plus de rapport aux arts. Ils cultivent l'Hiſtoire naturelle ; ils ſe ſont fait un ſyſtême fort ſingulier de la partie morale de la Philoſophie, j'aurois dû en parler plûtôt. Ils penſent que la Providence ſe comporte, à l'égard de toutes les créatures, de maniere que tout le mal qu'un homme fait à un autre, elle le fait retomber ſur lui, ou ſur la poſtérité au même degré qu'il l'a commis.

Inquiſiteur. Ayez la bonté de nous dire ce que vous penſez ſur ce point. Nous nous flattons que vous ne nierez pas cette Loi fondamentale de la nature & de la Religion, que la divine Providence s'étend ſur toutes choſes & préſide à tout. Nous vous croyons bien perſuadé que la même Providence ſe manifeſte, non-ſeulement dans la production, & dans l'harmonie merveilleuſe de toutes les cauſes naturelles & de tous leurs effets, mais encore qu'elle s'intéreſſe évidemment à la partie morale du monde, c'eſt-à-dire, aux actions libres des hommes, qu'elle récompenſe ou punit dans ce monde ou dans l'autre ſuivant qu'elles ſont bonnes ou mauvaiſes, faiſant ainſi une juſte compenſation des biens & des maux de cette vie.

Gaudence. J'eſpere, mes Révérends Peres, vous prouver l'ortodoxité de mes ſentimens ; perſonne n'a plus lieu que moi d'admirer la grandeur de la Providence; mais des Payens peuvent bien porter jusqu'à la superstition, une croyance d'ailleurs très-juste. Il n'y a pas d'homme, pour peu qu'il ait de connoissance, qui puissent douter de l'existence d'un Etre qui préside sur la partie Physique du monde, le moindre insecte suffit pour l'en convaincre. Il voit que le grand Auteur de la nature a conduit l'éternel systême du monde à une exécution si parfaite (*a*), qu'il en a disposé toutes

(*a*) Ce grand & superbe ouvrage,
N'est point pour l'homme un langage
Obscur & mystérieux :
Son aimable structure
Est la voix de la nature
Qui se fait entendre aux yeux ....

les parties avec tant de simétrie, & le gouverne avec un ordre si admirable, qu'il est forcé de le reconnoî-

Or la voix de la nature est la voix de Dieu même. Car, comme dit saint Paul, *Depuis la création du monde, Dieu, par ses ouvrages, a dévoilé à nos yeux ses perfections invisibles, sa puissance éternelle & sa divinité; de sorte que nous sommes inexcusables.*

Mais ne considérer Dieu que comme le Créateur de l'univers, c'est le connoître très-imparfaitement; ce n'est le regarder que comme le premier & le plus grand des Artistes. Il faut donc croire encore qu'étant infiniment sage, il a donné une Loi aux hommes pour s'y conformer: la raison nous dit, que si les Princes sont obligés de faire des Loix pour retenir leurs sujets dans le devoir, il étoit nécessaire que Dieu fît entendre aux hommes sa volonté suprême. Quelque Déiste, un de ces esprits forts, que la vanité de vouloir tout approfondir, & le libertinage, ont multipliés à l'infini, me dira peut-être, n'avons-nous pas la Loi naturelle? Nous sommes sûrs de celle-là, en avons-nous besoin d'une autre? Mais qu'il soit de bonne foi, ou plutôt qu'il raisonne, & il sera forcé de convenir, que le cœur de l'homme étant une

tre la cause premiere, & le Conservateur de tous les êtres qui se meuvent dans l'univers. A l'égard de la partie morale du monde, la même raison nous dit, que puisque le Créateur s'abaisse au point d'avoir soin du moindre insecte, il seroit ab-

source d'égaremens, a besoin d'une seconde Loi qui le redresse dans ses écarts & qui le ramene à la premiere. Pour le convaincre que cette Loi est dictée par l'Esprit de *Dieu*, j'en attesterai sa propre conscience : je lui trouverai, par ce qui se passe en lui-même, qu'elle le rappelle sans cesse à l'Auteur de son être, qu'elle a une liaison intime avec la premiere, qu'elle n'affirme que ce que l'autre lui dit intérieurement, ne condamne que ce qu'elle désapprouve, qu'elle la confirme dans toute son étendue sans jamais lui être opposée, & qu'en un mot on ne l'a pas plutôt transgressée, que la Loi naturelle reclame ses droits contre nous-mêmes. Ceux qui en jugent autrement, confondent la Loi naturelle, toujours pure & inaltérable, avec la nature même, qui est un fond inépuisable d'erreurs & de corruption.

ſurde de croire qu'il négligeât la partie la plus noble de la création, qu'il ne prît pas connoiſſance des actions libres des hommes. La même Providence qui les a doués du libre arbitre, l'eſſence de leur grandeur & la ſource de leurs maux, ſçait parfaitement les conduire par des voyes proportionnées à leur intelligence, en leur déclarant ſa volonté ſouveraine, & en leur propoſant des récompenſes & des punitions, ſuivant qu'ils feront fidéles ou rebelles à l'accomplir. Il eſt évident qu'on n'eſt pas toujours récompenſé ou puni dans cette vie, puiſque nous y voyons ſouvent triompher les méchans, tandis que les juſtes ſont opprimés : vouloir nier qu'elles ſoient réſervées à un autre état, c'eſt une erreur d'autant plus criminelle, que l'homme conviendra qu'elle eſt volontaire; pour peu qu'il cherche de bonne foi la vérité.

Les Mezzoraniens, faute de pouvoir ſe faire des idées juſtes d'un autre monde, quoiqu'ils ſoient bien perſuadés qu'il y en ait un, ſe trompent en ce qu'ils penſent que toute injure qu'un homme fait à un autre, ſera rendue ou à l'auteur ou à ſa poſtérité, même dans cette vie, & que plus la punition eſt différée, plus elle ſera grave. C'eſt ainſi qu'ils rendent compte de toutes les révolutions qui arrivent ſur la terre. Une mauvaiſe action, diſent-ils, eſt punie par une autre; les deſcendans des plus grands Monarques ont été enſevelis dans l'obſcurité, & réduits à la mandicité pendant des ſiécles; & ceux qui les ont dépoſſédés, ont été traités de même à leur tour, par quelque descendant des premiers. Cette opinion, selon moi, n'est pas juste, puisqu'un repentir sincere peut effacer les plus grandes fautes. Mais comme les hommes sont, généralement parlant, plus sensibles aux punitions de cette vie, il ne faut pas douter que la Providence ne se vange quelquefois d'une maniere exemplaire pour effrayer les méchans.

Inquisiteur. Poursuivez.

Gaudence. Voyant que le Pophar avoit un goût décidé pour la Peinture, je m'y appliquai beaucoup, & avec d'autant plus de plaisir qu'il vouloit que je l'apprisse à sa fille, dont les charmes, quoique naissans, m'avoient touché. A force de dessiner & de peindre, je me perfectionnai au point de plaire, non-seulement au Pophar, mais encore à tous ceux qui voyoient mes ouvrages.

Chacun, ſelon les Loix du Pays, étoit obligé de s'adonner à quelque Art, ou à quelque Science : le Pophar me pria d'enſeigner la Peinture à pluſieurs perſonnes de l'un & de l'autre ſexe, & me dit que l'Inventeur d'un nouvel Art ne manquoit jamais de recevoir des honneurs & des récompenſes, que je pouvois y prétendreà juſte titre. Je le fis en effet ; & je puis dire, qu'avant de quitter la Mezzoranie, j'eus le plaiſir de voir quelques-uns de mes éleves égaler, & même ſurpaſſer leur Maître.

Mes heures de loiſir étoient conſacrées à cette ſorte d'occupation : il falloit cependant les quitter quelquefois pour accompagner le Pophar

phar Régent dans les Nomes qu'il alloit visiter, moins pour réformer des abus actuels, que pour applaudir à la vigilance des Gouverneurs, & à la tendre docilité de ceux qui leur sont confiés, & pour prévenir les abus qui auroient pû s'y glisser. Il comparoît ordinairement une République à une vaste machine composée d'un grand nombre de ressorts: l'Artiste qui la visite souvent, remédie facilement à ce qui peut y manquer, parce qu'il s'en apperçoit à tems, & par ce moyen il conserve & entretient la régularité de son mouvement; mais s'il la néglige, un des ressorts venant à se briser, les autres se dérangent, l'harmonie est détruite, & bientôt toute la machine tombe en ruine.

Le Pophar, pour ne point être

à charge à ſon peuple, alloit, excepté les jours de cérémonie, avec une ſuite fort peu conſidérable : il ſe faiſoit accompagner ſeulement d'un ou deux des Anciens pour l'aider dans les fonctious de ſa Charge, & du jeune Pophar & de moi, qui ne le quittions jamais. Il prenoit plaiſir à s'entretenir avec les Officiers inférieurs de l'Etat, avec les moindres Artiſans, & même à les conſulter.

Il n'y eut pendant les cinq premieres années de ſa Régence qu'une ſeule affaire difficile & de conſéquence à juger, mais auſſi étoit-elle, des plus délicates. Quoiqu'elle ne me regarde pas, je vais vous la raconter, mes Révérends Peres ; elle me paroit aſſez extraordinaire pour mériter votre attention. C'étoit un cas nouveau & que l'Auteur de la constitution, malgré sa sagesse, n'avoit point prévû.

Deux freres jumeaux étoient devenus amoureux de la même fille, qui les payoit tous deux d'un amour réciproque ; & voici comment. Les Amans & la Maîtresse, qui habitoient différentes parties du même Nome, s'étoient rencontrés par hasard à la Fête du Soleil qu'on célebre deux fois par an, parce que le Royaume est situé entre les deux Tropiques. Cette situation fait que les habitans jouissent de deux Printems & de deux Etés. Au commencement de chaque Printems on célebre dans tous les Nomes des Fêtes magnifiques à l'honneur du Soleil. Cette cérémonie se fait en pleine campagne, pour signifier, (comme ils le croyent en effet) que le Soleil eſt la cauſe immédiate de toutes les productions de la nature. Ils lui offrent en ſacrifice dans des plats d'or cinq petites pyramides d'encens, ſelon le nombre des Nomes. Cinq garçons & autant de filles ſont députés par les Gouverneurs pour placer ces pyramides ſur l'Autel, où l'on les laiſſe juſqu'à ce qu'elles s'allument d'elles-mêmes. Chacun eſt habillé de la couleur de ſon Nome, & porte un diadême ſur ſa tête. Ils marchent gravement deux à deux, c'eſt-à-dire, un garçon & une fille, entre deux rangs formés par la jeuneſſe de l'un & de l'autre ſexe, laquelle eſt placée comme dans un Amphithéâtre, ce coup d'œil eſt charmant.

Le haſard voulut qu'un des freres jumeaux fût député avec la jeune

Demoiſelle en queſtion, pour commencer enſemble l'offrande qui devoit être miſe ſur l'Autel. Il s'avancerent tous deux, & après avoir poſé la pyramide d'encens, ils ſe ſaluerent l'un & l'autre, la coutume le veut ainſi, & que changeant de place ils reviennent, l'homme par le côté des femmes, & la fille par le côté des hommes : c'eſt ce qui ſe fait avec une grace digne d'une Aſſemblée auſſi auguſte. L'objet de cet uſage eſt d'accoutumer la jeuneſſe à prendre un air de nobleſſe & de dignité, & de ſe montrer dans tout ſon luſtre. Dès que les dix premiers ſont revenus de l'Autel, tous les autres y vont dans le même ordre, & obſervent la même formule, ce qui fournit aux jeunes gens de l'un & de l'autre ſexe l'occaſion de ſe voir & de s'examiner.

C'eſt ordinairement dans ces entrevûes, que ceux qui n'ont point d'engagement, en prennent ; & comme c'eſt la femme qui décide principalement en matiere d'amour, les jeunes gens s'efforcent de gagner le cœur de la perſonne aimée, par des marques réitérées de leur inclination. Pour éviter dès le commencement la jalouſie & la rivalité, ſi l'homme plaît à la femme, elle accepte auſſitôt, & met dans ſon ſein une fleur qui n'eſt point encore écloſe, que le Galant lui préſente. Elle lui en montre une, ſi elle eſt déja engagée, pour le lui faire connoître, & ſi la fleur qu'elle montre n'eſt qu'un bouton, c'eſt une marque qu'elle n'eſt encore qu'à la premiere propoſition, & que la choſe n'eſt point avancée : quand la fleur eſt à moitié épanouie, elle indique que l'amour a fait des progrès ; mais si elle est tout-à-fait éclose, c'est une preuve que son choix est fixé, & dès-lors il n'y a point à en revenir. Cependant elle en est encore la maîtresse, pourvû qu'elle n'ait point porté en public cette marque de son engagement.

Lorsque la femme est libre, & que l'homme qui lui présente le bouquet ne lui plaît pas, elle lui fait une grande révérence, & ferme les yeux jusqu'à ce qu'il soit parti. Il est vrai, malgré tout cela, que les femmes ne laissent pas d'avoir quelquefois un peu de coquetterie, & de dissimuler avec leur Amans, mais c'est assez rare. Si l'homme est engagé, il porte aussi une marque qui le fait connoître A l'égard des filles qui n'ont pas encore trouvé de parti avant l'âge de trente ans, elles ſont obligées de choiſir, ou de reſter toujours filles, ou de ſe mettre au rang des veuves, car dès-lors on les regarde comme telles, & , ainſi qu'elles, elles ne peuvent épouſer que des veufs. Je reviens aux freres jumeaux.

Le frere qui alla à l'Autel avec la Demoiſelle, ſe ſentit de l'inclination pour elle en même tems qu'elle en conçut pour lui. L'un & l'autre étoient trop occupés de la cérémonie pour pouvoir ſe le dire, ou ſe le faire connoître dans l'inſtant. En revenant de l'Autel l'autre frere la vit, l'aima, & trouva le moyen de lui préſenter le bouton d'une fleur, dans le tems que tout le monde étoit prêt à ſe retirer. Elle le prit de lui, perſuadée qu'il étoit le même qui l'avoit accompagnée à l'Autel ; mais étant obligée de s'éloigner aussitôt avec les autres jeunes Demoiselles, la précipitation avec laquelle elle voulut cacher son bouquet, fit qu'elle le laissa tomber sans s'en appercevoir. Peu après venant à le chercher, & ne le trouvant plus, elle étoit affligée. L'autre frere survint dans le moment, qui lui en présenta un à son tour. Ah ! c'est le même, dit-elle tout bas, je le reconnois ; elle le prit avec un air mêlé de joie & de modestie. L'Amant l'entendit, & l'interpréta en sa faveur. Les Loix ne leur permettant pas un plus long entretien, chacun se retira chez soi.

Quelque tems après, le frere qui avoit eu le bonheur de présenter le premier bouquet (c'étoit le cadet) trouva moyen de voir sa Maîtresse la nuit à une jalousie : ces entrevûes sont à la vérité défendues par les Loix ; mais on les tolere, parce que rien n'est plus propre à ranimer l'amour. Il mit à profit cette occasion ; il lui exprima l'ardeur de son amour : elle l'écouta si favorablement, qu'il lui présenta une fleur à moitié épanouie, seconde marque de sa tendresse : elle la reçût, & lui donna une écharpe brodée de cœurs, que des ronces légeres séparoient les uns des autres, pour signifier qu'il restoit encore quelques difficultés à surmonter. Ils se donnerent des assurances d'un amour réciproque ; l'Amante lui permit de se déclarer son Amant.

Le frere aîné vint quelque tems après & la vit à la même fenêtre. La nuit étoit si obscure, qu'il ne pouvoit pas voir la ſeconde fleur qu'elle portoit dans ſon ſein : elle le reçut à la vérité avec des témoignages de joie qui le ſurprirent, mais il crut que c'étoit l'effet de la ſympathie, les Amans ſe flattent toujours. Il s'excuſa d'avoir été ſi longtems ſans la voir, l'aſſurant que s'il en croyoit ſon cœur, il ne ſe paſſeroit pas de nuit qu'il ne lui jurât un amour éternel. Elle admira ſon empreſſement, s'imaginant que c'étoit le même qu'elle avoit vû depuis fort peu de tems, mais elle l'attribua à la vivacité de ſon amour. Elle lui donna des marques ſi certaines d'un parfait retour, qu'il crut pouvoir ſe diſpenſer de la cérémonie du ſecond bouquet, & lui préſenter la fleur épanouie. Elle la reçut en lui diſant qu'elle ne la porteroit pas encore, qu'il falloit auparavant passer par certaines formalités, & qu'elle vouloit aussi s'assurer de sa constance: en même tems pour lui prouver qu'elle l'aimoit, elle lui présenta à-travers la grille sa main qu'il baisa avec tous les transports d'un Amant passionné, lui jurant une fidélité à toute épreuve; elle lui donna ensuite un ruban avec deux cœurs entrelacés de ses propres cheveux, & séparés par une petite haye de grenades dont le fruit paroissoit presque mûr, pour signifier que le tems de le cueillir approchoit.

Les deux Amans & la Maîtresse jouissoient ainsi d'un bonheur parfait. Les freres portoient dans toutes les Assemblées publiques les marques de ses faveurs, & se félicitoient l'un l'autre du succès de leurs amours. Les Amans trouvent dans ſe myſtere des charmes inconnus aux autres hommes ; auſſi les deux freres ſe cacherent-ils ſoigneuſement le nom de l'objet de leurs vœux.

La premiere grande Fête approchoit : le cadet crut qu'il étoit tems d'offrir à ſa Maîtreſſe la derniere marque de ſon amour, afin de pouvoir la demander en mariage. Il lui dit qu'il eſpéroit qu'elle couronneroit ſes feux, en portant la fleur épanouie comme une marque de ſon entier conſentement : & en même tems il lui préſenta un œillet artificiel, dont les feuilles étoient artiſtement entrelacées de flâmes & de petits cœurs d'or. Elle reçut encore cet hommage comme une preuve réitérée de ſon amour, & le mit dans ſon ſein avec ces marques de tendreſſe & de complaiſance dont le ſexe ſçait dans tous les pays ſi bien récompenſer dans un moment toutes les petites peines de l'amour. Il réſolut donc de la demander à ſes parens.

Le frere aîné, qui avoit donné également la fleur épanouie, penſant auſſi qu'il ne manquoit plus que le conſentement des parens de ſa Maîtreſſe, réſolut de la demander. Le hazard voulut que l'un & l'autre fiſſent choix du même jour. Jugez, mes Révérends Peres, quelle fut leur ſurpriſe de ſe rencontrer dans la même maiſon; cependant comme chacun portoit des faveurs différentes, ils ne ſçurent trop qu'en penſer. Dès que le pere fût arrivé, ils lui déclarerent le ſujet de leur viſite. Le pere entierement déconcerté, leur proteſta qu'il n'avoit qu'une ſeule fille, ſur la vertu de laquelle il pouvoit compter, & qu'il étoit sûr qu'elle n'étoit pas capable d'encourager deux amans à la fois, au mépris des Loix du Pays. Cependant voyant que les deux freres se ressembloient parfaitement, il s'imagina qu'il falloit qu'il y eût du *quiproquo*, & pour s'en éclaircir il envoya chercher sa fille. Elle sçut d'abord que son pere la mandoit pour apprendre d'elle-même de quel amant elle avoit fait choix, ainsi elle entra dans son appartement parée des quatre fleurs qu'elle avoit reçues, ne doutant point que les deux fleurs épanouies ne lui eussent été présentées par la même main.

Le portrait que les Poëtes font de Venus accompagnée des Graces, n'approche pas de la beauté de cette jeune Mezzoranienne. Sa taille étoit majeſtueuſe, ſon air noble & gracieux, un doux incarnat relevoit la blancheur de ſon teint; mais à peine eut-elle apperçu ſes deux amans, ſi reſſemblans l'un à l'autre, qui portoient tous deux les preuves de ſon choix, qu'elle s'écria. Ah! je ſuis trahie. Grand Soleil, qui connois mon innocence...... (elle ne put pas achever), elle tomba évanouie, ſon beau viſage fut tout à coup couvert de la pâle couleur de la mort. Le pere accablé de douleur s'empreſſa de la relever, il la tint embraſſée dans ſes bras tremblans. Vivez, ma chere fille, lui dit-il, non, vous n'êtes point coupable; vivez, ou je meurs avec vous. Comme j'étois la ſeule perſonne déſintéreſſée de la compagnie, je penſai le premier à appeller ſa mere & ſes femmes,

mes, qui la firent revenir peu-à-peu à la vie.

Dès qu'elle eut repris ses sens, elle ouvrit ses yeux en soupirant, puis elle les referma en disant, malheureuse Berilla, te voilà donc deshonorée ! Tu faisois la consolation d'un pere & d'une mere qui t'aimoient uniquement, & pour prix de leur tendresse tu vas leur être un éternel sujet de déplaisir & d'amertume ! A ces mots elle retombe accablée sous le poids de sa douleur, & ses pleurs commencerent à couler avec abondance. Le pere désolé détestoit sa vie & cette funeste avanture; mais rappellant bientôt tous ses sentimens à la tendresse, il conjura la douleur de sa fille dans les termes les plus touchans; il l'embrassa, enfin elle le reconnut. Ah, mon

pere, lui dit-elle, ſuis-je encore digne de vous ! Si vous en êtes digne, ma chere fille, reprit-il, d'une voix entrecoupée de ſanglots, vous ne juſtifiez que trop votre innocence, ceſſez de vous affliger, ſi vous ne voulez me voir ceſſer de vivre.

Les deux freres reſterent muets & interdits à ce triſte ſpectacle, un ſombre déſeſpoir étoit peint ſur leur viſage, il ſe regardoient de tems en tems d'un œil farouche, & ſembloient méditer quelque noir projet. Je fus témoin de cette ſcéne intéreſſante, parce que le Pophar m'avoit envoyé avertir le pere de la jeune Dame, de ſe préparer à le recevoir pour quelques ordres qu'il avoit à lui donner; il avoit une charge importante de l'Etat. Toutes les fois que je me rappelle la triſte ſituation de cette tendre Amante, mon cœur en eſt pénétré juſqu'aux larmes.

On lui donna tant de ſecours qu'elle revint à la fin de ſon trouble : lorſqu'elle fût en état de parler, elle déclara que l'homme qui l'avoit conduite à l'Autel lui avoit plû ; que quelque tems après, elle croyoit que le même lui avoit préſenté le premier hommage de ſon amour qu'elle avoit reçu, & qu'enfin elle avoit conſenti à ſe marier en ce qu'elle avoit porté la fleur épanouie, mais qu'elle ignoroit à quel des deux freres elle appartenoit. Elle ajouta qu'elle étoit prête à ſe ſoumettre à la déciſion des Anciens, & même à ſubir telle punition qu'on attacheroit à ſon indiſcrétion, quoiqu'elle n'eût jamais eu le lâche deſſein de ſouffrir deux amans.

Comme le Réglement des mariages est un des objets les plus importans de l'Etat, il n'y avoit aucune Loi pour ce cas extraordinaire, dont on n'avoit jamais vû d'exemple, la décision de l'affaire fût remise au Pophar Régent qui devoit arriver dans peu de jours : en attendant on donna des Gardes aux deux freres pour prévenir tout accident. L'affaire fut discutée devant le Pophar Régent, & tous les Anciens du lieu, en présence des deux Amans & de l'Amante. Il est plus aisé de s'imaginer que de décrire les mouvemens divers dont leurs ames étoient agitées. Les deux freres étoient si ressemblans, qu'on ne les distinguoit qu'avec peine. Le Régent leur demanda lequel des deux avoit conduit la jeune Demoiselle à l'Autel. L'aîné répondit que c'étoit lui ; le cadet en convint. Berilla avoua que celui qui lui avoit donné la main, lui avoit plû d'abord, mais qu'il n'avoit fait ſur elle qu'une legére impreſſion. On demanda enſuite lequel des freres avoit préſenté le premier bouquet, c'étoit le cadet. Berilla dit qu'elle avoit perdu ce bouquet, que ſon amant le lui avoit rendu peu de tems après, mais qu'à la vérité il lui avoit alors paru moins aimable qu'auparavant, quoiqu'elle crût toujours que ce fût le même ; ce qu'il y avoit de plus embarraſſant dans cette mépriſe, c'eſt qu'elle avoit reçu la fleur épanouie des deux freres, quoiqu'elle n'eût porté en public que celle du cadet. Les Juges ſe regardoient tous, & n'oſoient point décider. Enfin le Pophar lui demanda, si, en donnant son consentement, elle n'avoit pas crû le donner à celui qui l'avoit accompagnée à l'Autel. Elle en tomba d'accord, mais elle dit que l'amour lui avoit parlé en faveur de celui qui lui avoit présenté la premiere fleur. Alors on fit placer les deux freres devant elle, & on lui demanda lequel des deux elle préféreroit, supposé qu'elle fût libre de choisir? Elle rougit à cette question; & après quelques momens de réflexion, le cadet, dit-elle, m'a paru le plus assidu; elle jetta en même tems sur lui un regard qui fit connoître parfaitement les sentimens de son cœur.

Chacun attendoit avec impatience la décision du Pophar, & tâchoit de lire dans ses yeux l'Arrêt qu'il alloit prononcer; les deux freres sur-tout paroiſſoient auſſi inquiets, que s'il s'étoit agi de leur vie ou de leur mort. Enfin le Pophar prenant un air grave & ſévere, ſe tourna vers la jeune Dame. Ma fille, lui dit-il, votre malheur, ou plûtôt votre indiſcrétion, vous empêche d'avoir jamais pour époux aucun de ces deux Amans; il eſt impoſſible que vous les ayez tous deux, vous avez donné à l'un & à l'autre des droits également inconteſtables : ſi l'un des deux veut renoncer à ſes prétentions, vous pourrez épouſer l'autre, ſans quoi il vous eſt défendu d'y penſer. Eh bien, mes fils, continua-t'il, qu'en dites-vous ? Lequel de vous deux veut ſacrifier ſon bonheur à celui de ſon frere ? L'un & l'autre répondirent qu'ils renonceroient plûtôt à la vie qu'à leurs droits. Alors le Régent ſe tournant vers la Demoiſelle qui ſe mouroit de crainte & de confuſion, lui dit, je vous plains, mais puiſque tous les deux prétendent vous poſſéder, je ne puis m'empêcher de vous condamner à garder le célibat, juſqu'à ce que l'un de vos deux Amans s'engage ailleurs ou vienne à mourir.

Il faut obſerver, mes Révérends Peres, que le célibat n'eſt point en honneur chez les Mezzoraniens, & que par conſéquent le jugement étoit peu favorable à la jeune Dame. (Il n'eſt point de Nation exempte de préjugés) L'Aſſemblée alloit ſe ſéparer, quand le frere cadet, ſe jettant à genoux, s'écria, arrêtez, j'aime mieux renoncer à tous mes droits que de voir l'aimable Ecrilla ſi rigoureuſement traitée; c'eſt moi qu'il faut punir des disgraces que je lui ai attirées ! Prenez-la, mon frere, puissiez-vous vivre éternellement heureux avec elle. Et vous, chere Berilla, pardonnez-moi la peine que mon amour innocent vous a causée, c'est l'unique grace que je vous demande. Toute l'Assemblée s'étoit déja levée, & ce généreux Amant s'en alloit, lorsque le Régent l'arrêta. Attendez, mon fils, lui dit-il, vous méritez que votre amour soit couronné ; vous n'avez plus de rival, Berilla est à vous ; vous vous l'êtes acquise en préférant son bonheur au vôtre, vous vous aimez tous deux, puisse cet amour durer autant que vous ! Joignez donc ici vos mains, puisque vous êtes déja unis de cœur, & vivez satisfaits à jamais l'un de l'autre. On les maria ſur le champ ; cette déciſion donna la plus haute idée, non-ſeulement de ſa juſtice, mais encore de ſa ſageſſe, & de ſa pénétration dans une affaire auſſi épineuſe.

Je me retirai l'imagination ſi frappée de l'état de ces trois Amans, que j'en fis un tableau où je tâchai d'exprimer leurs attitudes & leurs paſſions. J'en fis préſent à la charmante Sophroſine ; je lui dis en lui préſentant que ſi elle étoit, comme la belle Berilla, d'humeur à recevoir des fleurs de tous ceux qui ſeroient forcés à lui en préſenter, les autres Demoiſelles n'auroient guéres lieu d'en eſpérer. Elle rougit, & me répondit, après l'avoir acceptée, qu'elle n'en recevroit jamais que d'une ſeule main ; auſſitôt elle détourna la converſation avec un air d'ingénuité,

& avec tant de finesse, que je restai interdit.

Les fréquens voyages que je faisois avec le Pophar dans les différens Nomes, me procurerent le plaisir de voir toutes les curiosités de cet Empire. Les grandes Villes des Mezzoraniens, & sur-tout les Capitales des Nomes, sont bâties à-peu-près comme celles que j'ai déja décrites; elles ne différent que par la situation. Ces Villes sont extrêmement fréquentées pendant l'hyver, on y tient les grandes Assemblées; on y voit aussi des Colléges pour l'éducation des jeunes gens de l'un & l'autre sexe, on les y éleve avec tant de soin, que l'oisiveté & la débauche sont des vices inconnus dans ce pays. On leur inculque dès leur plus tendre enfance de solides principes qu'ils prennent pour regle fondamentale de toute leur vie. On ne cesse de leur répéter qu'ils doivent respecter la Religion, les Loix, leurs Supérieurs, leurs aînés, & vivre avec tous les autres dans une parfaite égalité. A mesure que leur raison se développe, on leur explique peu-à-peu ces principes, & on ne se lasse point de leur dire qu'ils ne sçauroient être heureux, s'ils ne sont pas gens de bien. Comme les mœurs sont le principal objet de l'éducation, les maîtres ne perdent jamais de vûe leurs éleves, & n'omettent rien pour graver profondément dans leur cœur l'amour de la vertu, & l'horreur du vice; ils leur représentent le dernier traînant toujours après soi les disgraces, l'ignominie & les punitions; pour la premiere, ils leur apprennent ce qu'elle eſt, plus par leur conduite que par leurs paroles : ils la leur montrent, tantôt couronnée de récompenſes, accueillie des applaudiſſemens du peuple, & revêtue des premieres dignités ; tantôt ſeule, fuyant les honneurs & le faſtueux éclat, mais en cela même d'autant plus aimable, qu'elle ſe cache, pour ainſi dire, au fond du cœur, où elle fait la conſolation & les délices de celui qui la poſſéde ; auſſi brille-t'elle en eux dès leur aurore. Des ſentimens nobles & élevés, qui ne tiennent rien de la fiereté & de l'arrogance, ſont les fruits admirables de ces heureux commencemens.

Les campagnes de la Mezzoranie ſont embellies de maiſons qui ſont autant de Palais. Les Villages & les Villes où ſont les Manufactures ſont ſans nombre. Les lacs y ſont ſi étendus qu'on les prendroit pour des bras de mer, & tout le pays eſt arroſé de grandes rivieres & de canaux, ſur les bords deſquels on a bâti de diſtance en diſtance des maiſons & des pavillons, ſéparés par de petites iſles & des bocages formés par les mains de la nature & de l'Art. L'eau eſt couverte pendant l'Eté d'une infinité de bateaux qui vont & reviennent : les uns ſervent aux plaiſirs, d'autres à la pêche, car les rivieres & les lacs abondent en poiſſon de toute eſpéce. Ajoutez à ces agrémens des bois immenſes, dont les arbres preſſés ne ſe ſurpaſſent point en grandeur, & dont les allées ſpacieuſes ſont tapiſſées de fleurs & de verdure : on y reſpire durant les chaleurs un fraîcheur délicieuſe. On voit d'un côté des montagnes, dont les yeux peuvent à peine atteindre la hauteur, des précipices profonds, & des rochers du haut deſquels tombent avec grand bruit des torrens d'une eau pure comme le criſtal; de l'autre ſont des vaſtes prairies & des ruiſſeaux qui vont en ſerpentant ſe perdre dans de larges foſſés. Plus loin on découvre des plaines charmantes, & des côteaux qui les environnent, où paiſſent des troupeaux, qui y paroiſſent comme ſuſpendus. ....

J'eus tout le tems de conſidérer ce beau pays, & d'y admirer les heureux effets de l'induſtrie de ſes habitans, & de la liberté dont ils jouiſſent. La nature & l'art ſemblent ſe diſputer le prix de la beauté dans leurs productions. Un de mes plus grands plaiſirs dans ces voyages étoit les parties de pêche & de chasse. La plûpart des jeunes gens, accompagnés de leurs Gouverneurs, se répandent dans certaines saisons de l'année partout le Royaume pour s'occuper à cet exercice. La Mezzoranie est extrêmement fertile en poisson, & peuplée de toute sorte de gibier, comme faisans, perdrix, outardes, paons, & autres oiseaux que nous ne connoissons point en Italie. J'y ai vû des perdrix plus grosses que nos poules sauvages, & d'un plumage bigarré de mille couleurs différentes, mais elles sont assez rares; les autres sont comme celles que nous avons; il y a beaucoup de liévres, je n'y ai jamais vû de lapin, à moins qu'on ne veuille donner ce nom à une petite espéce de liévres qui s'enterrent dans le creux des rochers & autres

lieux

lieux escarpés. Ils ont aussi une sorte de chevreuil beaucoup plus petit que le nôtre, moins agile, mais bien plus gras, & d'un goût plus exquis. On ménage le gibier ; mais on travaille sérieusement à la destruction des bêtes féroces.

Les grandes chasses se font sur les montagnes & dans les forêts qui sont remplies de bêtes sauvages. On y compte quatre ou cinq différentes espéces de cerfs ; les plus grands, qui surpassent de beaucoup les nôtres, se laissent difficilement approcher, & sont d'une vîtesse extrême : les naturels du pays en font sécher la chair & l'assaisonnent ; c'est un mets des plus délicats. Il y a deux sortes de sangliers; les uns sont énormes, les autres plus petits, mais d'une férocité qui épouvante les plus déterminés; la chair en eſt excellente : ils ſe nourriſſent de glands & de fruits ſauvages dans les endroits les plus épais des forêts où ils multiplient prodigieuſement , la truye portant ſouvent ſeize ou dix-huit petits à la fois. J'en ai vû prendre juſqu'à ſept & huit cens dans une ſeule partie de chaſſe : on en envoye partout le Royaume où il n'y en a point. C'eſt ce qui ſe pratique à tous égards ; l'on nomme des jeunes gens pour porter les raretés d'un pays dans un autre , & pour en préſenter aux Gouverneurs , aux parens & aux amis.

Outre ces parties de chaſſe il s'en fait une générale tous les ans ; l'on choiſit pour le lieu du rendez-vous , une des plus grandes vallées du canton , où l'on dreſſe des tentes.

On choisit les plus hardis de la troupe, dont on fait des compagnies composées de dix hommes chacune, tous armés d'une lance & d'un fusil, car depuis quelques années ils se servent d'armes à feu; ils les tirent des Persans. Ces petits détachemens pénetrent en silence dans le plus épais des forêts, & se joignent au rendez-vous dont ils sont convenus; d'où ils considérent l'endroit le plus propre à tendre leurs filets. Cette premiere expédition les occupe plusieurs jours. Lorsque ces premiers détachemens ont bien examiné les bois, toute la troupe se rassemble & se répand autour de la forêt qui retentit au loin du son des cors & des clairons, des timballes & des tambours. Tous s'avancent comme en ordre de bataille, animant leurs chiens, & faiſant un bruit épouvantable : les bêtes effrayées s'enfuyent tumultueuſement vers le centre de la forêt : c'eſt-là que l'on trouve mêlés confuſément un nombre prodigieux de lions, d'élans, de ſangliers, de cerfs, de renards, &c. Ces bêtes font des hurlemens effroyables, & s'entre-déchirent cruellement. Le ſanglier plus furieux reſte maître du champ de bataille; le lion même ſe tient à l'écart & redoute ſes terribles défenſes.

Dès qu'on eſt à une diſtance convenable on les entoure de filets, on preſſe les rangs, on met la bayonnette au bout du fuſil, & l'on commence à tirer ſur elles. C'eſt alors que leur rage & leur acharnement redoublent, & qu'elles s'attaquent avec plus de fureur, ſe dévorant les unes les autres. Les plus timides voulant fuir, vont tomber dans les piéges qu'on leur a tendu, & les plus fougueuſes ſe détruiſent elles-mêmes, ou tombent à la fin ſous les coups qu'on leur porte.

Un jour que j'étois d'une ſemblable chaſſe, nous trouvâmes un ſanglier qui ronfloit dans ſa bauge : un de mes compagnons, mon ami intime, & l'un de ceux avec qui j'avois traverſé les deſerts, s'approcha de lui, la lance à la main : le ſanglier ſe réveilla en ſurſaut ; & le premier mouvement qu'il fit, fut de s'élancer contre ſon ennemi : le jeune homme le reçut avec intrépidité, il lui enfonça adroitement ſa lance dans la gorge : l'animal n'en devint que plus furieux ; ſon ſang, qui couloit à gros bouillons, le rendoit plus terrible, & mon ami étoit prêt de céder à ſes efforts impétueux. J'apperçus ſon embarras, je couchai en joue la bête, je l'atteignis d'un coup de fuſil au défaut de l'épaule, elle tomba roide.

Nous crûmes être échappés au danger, lorſque la truye, que les cris de cet animal avoient fait accourir, fondit ſur nous avec tant de rage, que nous eûmes à peine le tems de nous reconnoître. Je lui déchargeai cependant un ſi peſant coup de croſſe de mon fuſil ſur la tête, qu'elle fut étourdie; je ſaiſis ce moment, & lui en portai encore deux dont je la terraſſai, & mes compagnons l'acheverent à coup de lance. Ils applaudirent tous à mon courage, & me féliciterent de ma victoire, comme ſi j'avois tué ſeul les deux ſangliers.

Je ne pus jamais me défendre de porter la hure au bout de ma lance ; ils voulurent absolument me faire cet honneur, je la présentai à la belle Sophrosine, qui l'accepta en me disant, qu'elle espéroit que je ne lui ferois plus de pareils présens. Je ne compris pas alors le sens de ces paroles ; mais la suite m'a fait assez connoître, qu'elle auroit mieux aimé recevoir une fleur de ma main.

La guerre & les combats, qui détruisent tant d'hommes chez les autres Nations, étant interdits aux Mezzoraniens par la Loi qui leur défend l'effusion du sang humain, ils n'ont d'autre moyen de faire voir leur courage & leur adresse, qu'à la chasse des bêtes sauvages. C'est-là que sans attendre les ordres de leurs Supérieurs, ils s'exposent quelquefois à des dangers éminens, & font des actions d'une grande bravoure.

Leur pêche eſt de deux eſpéces ; l'une, des crocodiles, & qui eſt dangereuſe ; l'autre de poiſſon, elle eſt très-amuſante. Les premiers ne ſe trouvent que dans les grands lacs les plus expoſés aux ardeurs du Soleil, où ils multiplient beaucoup.

On ſe met pour les détruire, dans des bateaux qu'on fait aller & venir lentement autour de l'endroit où l'on croit l'animal caché. On ſe ſert de lignes très-fortes, garnies d'un fil d'archal tort, & d'hameçons qu'on attache ſous les aîles de canards, ou d'autres oiſeaux aquatiques qu'on laiſſe nager à une certaine diſtance. Dès que ces oiſeaux ſont proche de leur retraite, les crocodiles ſe jettent deſſus avidemment, & les avalent avec l'hameçon. La ligne qui eſt attachée au bateau les retient, lorſqu'ils veulent ſe replonger dans l'eau, & tous les mouvemens qu'ils font pour ſe dégager, leur enfoncent l'hameçon plus avant dans la gorge. Pendant qu'ils ſe roulent & ſe debattent, on leur lance des harpons dont la pointe eſt très-fine & d'une trempe excellente. Ils ſont attachés à des lignes avec leſquelles on les retire quand ils ne portent pas coup. Les Mezzoraniens s'en ſervent avec une adreſſe infinie : il en faut beaucoup pour bleſſer ces animaux ; on ne peut les percer qu'au ventre, à cauſe de la dureté de leur écaille, d'où le coup reflechit ſouvent ſur ceux qui approchent de trop près ; c'eſt le dangereux de cette chaſſe, ainſi il faut ſaiſir le moment où l'on découvre cette partie pour les frapper. Quand on a fait pé ir ainſi les vieux crocodiles, on va déterrer leurs œufs dans le ſable, on les brûle, afin de détruire cette eſpéce ſi nuiſible aux hommes, & qui fait tant de ravages dans les lacs.

Je fus quelque tems ſans pouvoir me ſervir du harpon avec dextérité; mais le deſir de la gloire, les applaudiſſemens que recevoient ceux qui excelloient dans cet exercice, & le plaiſir qu'ils avoient de préſenter les peaux de ces animaux, comme autant de trophée à leurs Maîtreſſes; un autre motif encore plus puiſſant, l'envie de me rendre agréable à l'aimable Sophroſine, tout cela m'anima au point que je m'y diſtinguai en fort peu de tems.

La pêche du poiſſon eſt un de

leurs plus grands divertiſſemens : le grand Lac, ou le Lac *Gil-Gol*, qui a plus de cent milles Italiennes de tour, en eſt rempli de toute eſpéce. Il n'y en a pas moins dans les Lacs qui ſe trouvent au milieu des bois, ou au-bas des vallons

Comme l'on fait cette pêche pendant l'Eté, les Dames du pays vont prendre part à ce plaiſir : ſur le ſoir elles reviennent dans leurs tentes, où elles ſont reçûes au ſon des trompettes, des hautbois, & d'autres inſtrumens de muſique : on prépare un ſoupé magnifique, où tous les Convives s'entretiennent des travaux de la journée. Après le ſoupé, on va reſpirer le frais, enſuite l'on ſe retire.

Le Secrétairt. On ſonna le Réfectoire ; l'Inquiſiteur lui dit qu'il y en avoit assez pour cette fois, & qu'il connoîtroit par les ordres qu'il alloit donner, l'estime qu'on faisoit de lui; qu'il l'exhortoit à mériter par sa sincérité la bienveillance dont le Tribunal vouloit bien l'honorer.

Fin de la troisiéme Partie.

www.ingramcontent.com/pod-product-compliance
Ingram Content Group UK Ltd.
Pitfield, Milton Keynes, MK11 3LW, UK
UKHW020244180726
13839UKWH00001B/166

9 782329 494654